どんなムチャぶりにも、いつも笑顔で?!

日雇い派遣のケータイ販売イベントコンパニオンという労働

田中慶子

松籟社

目次

凡例

・★1、★2……は註を表わし、註記は各章末に記載した。
・会話データ中の（　）は、筆者による補足を表わす。
・会話データ中の〔中略〕は、筆者による省略を表わす。
・本書で使用している会話データに関しては、可能な限り、調査の場面でインフォーマントが語ったままの形で文字にしている。そのため、方言や仲間内だけで通用する言葉や言い回しについて、読者が理解しにくいと思われる場合は、（　）で補足した。
・本書で取り上げるインフォーマントは、派遣元X社の社員を除いてすべて章ごとに仮名（記号）をつけている。章が異なれば、同じ仮名であっても同一人物であることを意味しない。
・文献情報は［　］でくくり、［著者名、発行年、参照頁］の形で表わした。当該文献は巻末の参考文献リストに記載している。

どんなムチャぶりにも、いつも笑顔で?!

——日雇い派遣のケータイ販売イベントコンパニオンという労働

序章　イベントコンパニオンってどんな仕事？

1　携帯電話販売促進イベントはお祭り騒ぎ

「いらっしゃいませ、いらっしゃいませ〜。本日、ドコモ大特価で〜す！　他社様から番号そのままお乗り換えのＭＮＰのお客様、新規契約のお客様、さらにさらに機種変更のお客様も、本日お得に携帯電話をご提供しておりまーす！　ご契約いただいたお客様には本日特別にキャッシュバックも行なっておりますので、どうぞお気軽にドコモコーナーへお立ち寄り下さいませ〜！」。

「いらっしゃいませ、いらっしゃいませ〜。本日、ソフトバンクではｉＰｈｏｎｅを〇円でご提供しておりまーす！　また他社からお乗り換えのお客様、何と基本料金二年間無料でお使いいただけるキャンペーンも行なっております！　いま大人気の犬のお父さんグッズもプレゼントしておりますので、お気軽にソフトバンクコーナーへお立ち寄り下さ〜い！」。

「いらっしゃいませ、いらっしゃいませ〜。本日、ａｕでは他社様から番号そのままお乗り換えいただいたお客様に、キャッシュバック最大一五万円分、さらには任天堂３ＤＳもご用意いたしておりまーす！　新規契約のお客様、機種変更のお客様にも本日限定でキャッシュバックご用意させていただいております。先着順となっておりますのでご購入を検討中のお客様、どうぞお早めに携帯電話コーナーにお立ち寄り下さ〜い！　〇円機種もございますよ〜！　どうぞお気軽に携帯電話コーナーａｕへお立ち寄り下さいませーっ！」。

土日祝日の家電量販店の携帯電話コーナーで、このように声を張り上げてマイクパフォーマンスをして、携帯電話会社の様々なキャンペーンや特典および目玉商品をアピールし、客寄せを行なっている女性たちは、イベントコンパニオンである。彼女たちは、客が携帯電話コーナーに立ち寄ればすぐさま接客につき、機種の案内や料金プランの説明を行なって機種を販売していく。

彼女たちの多くは大学生と見受けられる二〇歳代前半くらいの女性で、携帯電話会社の企業カラーと企業名・ロゴがドンと入ったミニスカートなどの派手な衣装を着用しているため、遠目からでもイベントコンパニオンだとわかる。彼女たちが目立つのは、衣装が派手な作りになっているからだけではなく、そもそも家電量販店の販売員の多くが、黒の制服やスーツを着用した男性労働者であるために「掃き溜めに鶴」の状態にあることも関係しているだろう。彼女たちはミニスカートから足をのぞかせ、メイクやヘアスタイルを華やかに整え、何より常に笑顔を忘れず、明るく元気いっぱいに立ち振る舞う。マイクパフォーマンスをする時も、声をひたすら張り上げて客寄せをする時も、接客をする時もだ。

そうして常に明るく元気いっぱいでキャピキャピしたイベントコンパニオンが働く携帯電話コーナーは、他の売り場と比較してとりわけ活気づき、彼女たちが行なうマイクパフォーマンスや声を張り上げて客寄せをするその姿は、お祭りで人を集める香具師《やし》のようだ。「安くて美味しいよ〜！　寄ってって〜」、「お祭りといえばリンゴ飴！」というように、彼女たちは「大特価でーす！　どうぞお立ち寄り下さ〜い！」、「スマートフォンと言えばいま話題のｉＰｈｏｎｅ！　なんと〇円でのご提供でーす！」と元気いっぱいにアピールする。

ある家電量販店の店長や携帯電話会社の社員は「お祭りみたいなイベントが理想」だと言い、マイクパフォーマンスや声を張り上げてアピールする「賑やかし」を彼女たちに求める。そうして、彼女たちイベントコンパニオンは躍起になって声を出し、集客し、機種を販売し、携帯電話コーナーを華やかなお祭り状態にしていくのである。

現在、日本で携帯電話を販売している主要な会社（キャリアと呼ばれる）は、ＮＴＴドコモ、

auを運営するKDDI、ソフトバンクの三社である。二〇一二年度決算で三社が計上した営業利益の総額は約二兆九五〇億円（NTTドコモ八三七二億円、KDDI五一二七億円、ソフトバンク七四五〇億円）にも及び、グローバル市場を相手とする自動車大手三社（トヨタ自動車、日産自動車、本田技研工業）の営業利益の合計約二兆三九〇〇億円に迫る巨大な市場規模となっている。また、二〇一二年の携帯電話契約数の総計は一億二九一二万七三〇〇件となっている。二〇一二年、日本の総人口が約一億二五九五万七〇〇〇人であることから、いまや一人当たり一台以上携帯電話（ケータイおよびスマートフォンを指す）を所持していることとなる。

ほぼ全員が携帯電話をもっている状況のなか、日本の携帯電話業界では、いかに自社のシェアを伸ばすかという顧客獲得競争（とりわけMNP獲得競争）が繰り広げられている。たとえば、他社が安く機種を売り出せば、よその携帯電話会社も同じ値段で出す。キャッシュバックの金額も他社と同じ額に変更する。こうした動向は、三社ともに似たり寄ったりの機種を扱うとともに料金プランもほぼ横並びの内容になっているために、携帯電話会社は他社の出方にあわせて次々とキャンペーン内容や機種の価格変更を行なって、足並みを揃えようとするのだ。

そうすると、最終的にシェアが伸びるか否かは、顧客獲得最前線の販売員の接客スキルにかかっていく。売り出し方が次々と変更になっても、「聞いてないよー」では済まされない。販売員たちは常に「またムチャぶりかよ。話違うじゃん。どうすんだよ」と嘆きながらも、何とかその場を取りつくろってしのぐのが、販売員たちが携帯電話業界で労働者として生き残るための流儀である。

2　モデルでもタレントでもなく日雇い派遣労働者

さて、このような家電量販店で携帯電話販売促進イベントに従事するイベントコンパニオンの多くは、人材派遣会社に登録する日雇い派遣労働者である。私自身、二〇〇四年から二〇〇六年の間と、二〇一〇年から二〇一三年の学生の間、人材派遣会社に登録し、携帯電話販売促進イベントに従事する日雇い派遣のイベントコンパニオンとして働いてきた。

そこでわかったことの一つは、多くの人たちが、携帯電話販売促進イベントのイベントコンパニオンという職に対して誤解をしていることである。なぜなら、私のみならず他のコンパニオンも接客中に「モデルさんですよね？　握手して下さい」、「一緒に写真いいですか？　今度テレビとかで見たら友達に自慢したいんで」などと言われることがあるからだ。

また、私の経験上、多くの人の目には、日雇い派遣やイベントコンパニオンに従事する者は珍しい労働者、特殊な労働者として映るようだ。

私が男女問わず初対面の人に、自己紹介で「日雇い派遣でイベントコンパニオンをしています」と話すと、決まってキョトンとした表情をされ、一瞬間があく。その一瞬の間で私の顔や体型をパッと見て、「そうなんですか」と答えられ、その次に「初めてイベントコンパニオンやってる人に会いました」と様々な質問が投げかけられる。たとえば客からも言われるように「モデルやタレント事務所に所属されてるんですか？　どんなテレビとか雑誌に出てますか？」という内容や、「コンパニオンって具体的にどんなお仕事するんですか？」、「日雇い派遣でイベントコンパニオンって何なんですか？」など。

このうち「日雇い派遣でイベントコンパニオンって何なんですか？」という質問が一番多い。「日雇い派遣でイベントコンパニオンって仕事があるって初めて聞いたし、日雇いとイベントコンパニオンが結びつかないから」だそうだ。なぜ日雇い派遣とイベントコンパニオンがイメージとして結びつかないのか。話を聞くと「日雇い派遣で働くのは工事現場やイベント会場の設営など肉体労働をする男性たち」であり、「イベントコンパニオンはモデルやタレント事務所に所属する華やかな女性たち（たとえばローカルタレント、芸能人の卵など）がする仕事」だと思っていたからだと言う。つまり、日雇い派遣はガテン系の男性たちが構成員であり、イベントコンパニオンはモデルやタレント事務所に所属する女性が構成員というように、性別で雇用形態ならびに職種を区分して考えられていたのである。

日雇い派遣労働者に焦点を当てた文献［派遣ユニオン・斎藤、二〇〇七年］を見ると、イベント撤去作業、改修現場ガラ出し作業、球場内作業といった主として男性の肉体労働＝ガテン系の仕事が紹介されており、女性の日雇い派遣労働者が接客する職は紹介されていない。このかたよりを、人々のイベントコンパニオンに対する先入観とあわせて鑑みると、社会全体として、日雇い派遣のイベントコンパニオンという職は、まだポピュラーな日雇い派遣労働の一つとして捉えられていないと思われる。

3　男に媚びを売るお気楽な仕事？

また、私が日雇い派遣のイベントコンパニオンとして働いていることをよく知る女性正規労働者の友人たちと仕事の話をすると、きまって私は不快かつ複雑な思いをすることになる。私は友人たちからどんなことを言われてきたのか。

――日雇い派遣は自分の好きな時に働けるんでしょう？　私は今日も昨日も残業続き。休みをとりたくて有給申請出したら却下されて最悪よ。日雇いだったら好き勝手に休めるから気楽でいいよねぇ。［友人Aさん、二〇一三年三月五日］

――部署が変わって責任者になったの。部下（正規労働者）とか派遣さん、パートさんに仕事を教えないといけないんだけど、まだ業務になれてないから大変で。日雇い派遣って一日

しかいない人だから責任ある仕事は振られないんでしょ？　楽でいいよねぇ。［友人Bさん、二〇一二年四月五日］

この間求人誌『T（仮名）』見たらイベントコンパニオン（の求人広告が）載ってたよ。派遣会社X社だよね？　あれ（求人広告）見たら衣装着て、ティッシュ配るだけで日給一万二〇〇〇円なんだね。超楽そうな仕事なのに給料高くてビックリした。正直ね、それ見たとき腹立ったの（苦笑）。だって、私正社員でリーダーやってるけど日給換算したら一万二〇〇〇円いかないもん。衣装着てニコニコ笑ってティッシュ配るだけでそれだけもらえるって、多分誰が聞いても「何で？」って腹立つと思うよ。［友人Cさん、二〇一二年一月一九日］

コンパニオンって、可愛かったり綺麗な子しかできない特権みたいな仕事よね？　だから、給料とか高くていいと思う。私、見た目よくないし、衣装入らないと思うから無理だし（苦笑）。生まれつき見た目がいいだけで楽な仕事に就いて給料高いのは、この世の中理不尽というか不公平だなぁって腹立つ（笑）。［友人Dさん、二〇一〇年一二月二九日］

いま二八歳（当時）じゃん？　まだミニスカ（ミニスカートの略）の衣装着て恥ずかしくな

いの？　この間携帯のコンパニオン見たけど、私たちより全然若い子がやっててさ、いくら自分が綺麗でもあの子たちの横に立つのは無理って思って。やっぱり二〇代前半とかピチピチした若い女子大生の子たちには勝てないじゃん。だから、慶ちゃん（筆者）はどう思ってるのかなぁって。私は若くても衣装着るのは恥ずかしいと思っちゃうから、コンパニオンやろうとは思わないいんだけどね（苦笑）。［友人Eさん、二〇一二年九月六日］

イベントコンパニオンって、ミニスカ履いたり露出多めの仕事でしょ？　恥ずかしくない？　やっぱり見た目に自信のある人たちが働いているのかな？　私は見た目がいいわけじゃないから働こうって気にならないし、人から見られるってことに抵抗があるよ。何ていうか性的対象として男の人から見られてるんじゃないかって。だからコンパニオンやってる人には申し訳ないけど、（イベントコンパニオンは）女を売るって感じがして気持ち悪くてイヤなんだ。私は絶対無理。女を売るって気持ち悪い。よくやるなって思うし、そういう仕事自体あるべきじゃないって思うんだ。［友人Fさん、二〇一一年八月二三日］

正直言って、イベントコンパニオンって仕事は反対。女を売る仕事だと思うの。身体は売ってないいんだろうけど、男に媚びを売るのが仕事だと思うと同じ女として許せない。そんな仕事、この世から消えてなくなればいい。［友人Gさん、二〇一一年六月一五日］

要するに私の友人たちは、正規労働者として置かれている自身の立場と比較しながら「日雇い派遣のイベントコンパニオン」を次のように捉えているといえよう。

日雇い派遣のイベントコンパニオンは、「日雇い」という一日単位の雇用であるために、自分の都合で好き勝手に出勤するか否かを決めることができるうえ、責任のある仕事を振られることはなく、衣装を着てニコニコ笑顔でティッシュを配布するだけで日給一万二〇〇〇円を稼ぐことができる「超楽な仕事」だ、と。

また、友人たちは二〇歳代前半の女子大学生を終えた自身の年齢を踏まえつつ、イベントコンパニオンを次のようにも捉えている。イベントコンパニオンは他の女性と比較して生まれつき綺麗で可愛く、さらには見た目に自信のある二〇歳代前半の若い女子大学生が、ミニスカなどの肌の露出が多めの衣装を着て、客に媚びを売り男性から性的対象として衣装姿を見られても気持ち悪さなどの不快感を感じず、「女を売ること」のできる女性が就く高給与の職である、と。そして、一部の女性からは、「男」を相手に「女を売る」イベントコンパニオンという「気持ち悪い」職など「この世から消えてなくなればいい」、「あるべきではない」と考えられ、身体を売らずとも「男に媚びを売る」コンパニオンは「よくやるな」、「同じ女として許せない」と不快感や憤りを感じさせる職でもある……。

実は私も日雇い派遣のイベントコンパニオンとして働き始める前は、友人たちと同じように考えていた。つまり、日雇いだから責任ある仕事は振られないだろう、自分の都合で働けるから楽だろう、衣装着て笑顔でティッシュを配れば日給一万二〇〇〇円も貰えるなんて楽勝じゃん、と。また、衣装を着て好きでもない相手＝客に媚びを売るのは確かに気持ち悪いし、ジロジロ男の人から見られると虫唾が走るけど、ただのティッシュ配りで日給一万二〇〇〇円を稼げるなら「まぁ、いっか。勤務時間の八時間だけ我慢すればいいことだし、なにせ日雇いなんだから楽な仕事に決まってる」と、気楽に考えていた。しかし、実際に日雇い派遣のイベントコンパニオンとして働き始めると、私や友人たちの考えるようなお気楽な仕事ではなかった。

4　イベントコンパニオンの労働環境

なぜお気楽な仕事のようで、お気楽な仕事ではなかったか。後の章で詳しく説明していくので、ここでは簡略化して記す。

まず、私が登録する人材派遣会社では、日雇い派遣のイベントコンパニオンの求人募集を無料求人誌『T』で行なっている（三六頁、図1を参照）。

この求人広告では、自分の好きなときに働けるような印象を受けるが、実際は異なる。日雇い派遣労働者であるイベントコンパニオンは、派遣先企業から人員要請が派遣元になされて初めて仕事の依頼（私が登録した派遣会社およびコンパニオン、派遣先企業などでは、仕事の依頼を「業務依頼」と言う）がくるために、自分の働ける日や働きたい日に仕事の依頼がこなければ働くことはできないのだ。また、違法ではあるが、派遣先が派遣元に労働者を指名する「指名派遣」を行なうこともあるために、指名されるイベントコンパニオンには仕事の依頼が集中する。その反面、指名されないコンパニオンには、仕事の依頼がくる回数が少ない。つまり、常に自分の都合のいい日に働けるわけではない。

そして、「日給一万二〇〇〇円」と記載されていても、指名を受けるイベントコンパニオンにはそれ以上の日給が支払われる反面、新人のイベントコンパニオンには日給八〇〇〇円しか支払われないなど、給与が人によって様々である。そのため、イベントコンパニオンの間では業務依頼の獲得のみならず、いかに自分の日給を上げるかという蹴落とし合いがあり、コンパニオン同士の間でトラブルが頻発していく。

また、求人誌『T』に記載され、友人や私が当初想像していたように、「イベントコンパニオンは常に笑顔を振りまきながらティッシュや風船をひたすら配り続ければいい」と思いきや、実際にはティッシュや風船配りではなく接客販売が要請され、勤務のたびに売上げ目標台数といういわば販売ノルマが課せられる。

さらに、イベントコンパニオンが戸惑い、困るのは、誰の指揮命令を聞けばいいのかわからなくなることだ。派遣労働では、雇用主である派遣元が派遣先に人材を送り出し、人材＝派遣労働者は派遣先の指揮命令を聞いて働くというのが一般的に説明される形式である。しかし、イベントコンパニオンの場合（他の接客販売業に従事する派遣労働者も経験したことがあると思うが）、労働現場が派遣先企業なのではなく、派遣先企業の商材が卸されている家電量販店が労働現場となるため、家電量販店の携帯電話コーナー責任者からも販売に関する指揮命令が出されるのである。

誰の指揮命令を聞けばいいのかわからないまま接客を続けていく中で、その日の販売ノルマを達成できなければ、場合によって売上げ目標台数に満たない分を自分が買い上げる「自爆」もしなければならないし、派遣先によっては派遣元にイベント実施状況の報告書（天気、勤務店舗、来店人数、接客した人数、イベント特典、他社の携帯電話会社のイベント特典、機種変更・新規・MNP契約における自身の契約獲得数と全体の契約獲得数、契約が決まった時の接客トークの事例、契約がとれなかった時の反省点、自分の働きぶりでよかった点とよくなかった点、改善点、店舗スタッフの働きぶりに対する感想や要望、今回の反省を踏まえて次回はどう働くか）もメール作成して送らなければならない。派遣元にこの報告書の出来が悪いと判断されると再提出を求めるメールが届き、派遣元がOKを出すまで何度でも書き直して送り続けなければならないこともある。

また、イベントコンパニオンは肌の露出が多めの衣装を着るが、彼女たちの多くは男性からの視線に対して虫唾が走るどころか喜んでいた。というのも、イベントコンパニオンとして勤務すると、男女問わず客から「ほそーい」、「可愛い」、「綺麗」と言われたり、「ブス」、「ブサイク」、「デブ」、「何であんな女が働けるの？　私の方が可愛くない？」などといった声が耳に入ってきたりする。そして、コンパニオンたちは自身に浴びせられた言葉を受けて、自分の女性としての価値を計っていく。つまり、イベントコンパニオンとしての労働を、彼女たちは自分の女性としての美を試す場としても考えている。

けれども、イベントコンパニオンのなかには、客から盗撮されたり、派遣先社員や家電量販店社員によるストーカー、セクハラにあったりといった性的嫌がらせを受ける者もいる。すると、盗撮やストーカー、セクハラをされることにショックを受けて泣き、悩み、情緒不安定になるなど精神的に疲弊する者が出てくる。家電量販店で働く男性正社員たちは各自販売ノルマのストレスを抱えているため、イベントコンパニオンと休憩が一緒になると「男臭いところに女の子がいるって、掃き溜めに鶴だねぇ（笑）。ノルマノルマで怒鳴られてばっかのなかさぁ、こうやって一緒にいると癒やされるわぁ。足綺麗だねぇ。キャバクラだとお金とられるけど、ここはタダだからいいよね」などと癒やしを勝手に求めてくる。彼女たちがその経験を派遣元、派遣先、周囲の人々に話すと「イベントコンパニオンという女を使う仕事を選んだのだから仕方がない」、「日給高いんだからそれで我慢するべき。相手は取引先だから怒ってはいけない」、「日雇いなんだからイヤなら辞めれば」、「自分が可愛いって言う自慢？」と取り合ってもらえない。

5 「日雇い」で「イベントコンパニオン」は違う世界の人

このようなイベントコンパニオンの置かれている状況を友人たちに話すと、「日雇いって仕組みがわかんない」、「コンパニオンは違う世界の人たちだからわかんない」と言って、聞く耳をもたれない。

日雇いって仕組みがそもそも特殊じゃん。派遣はよく話で聞くし、自分のところにも（働いている人が）いるからわかるけど、日雇いは初めて聞くからどんな感じかイメージつかない。イヤだとか条件・環境がおかしいって思うんだったら辞めれば？　契約じゃなくて日雇いなんだからすぐ仕事変えられるでしょ？（条件・環境が）おかしいって考えるだけ時間がもったいないよ。違う仕事を探すのに時間と労力使うべきじゃない？　でも日雇いで働いてると、多分普通の仕事にはなじめないかも。こっちは毎日出勤だから。［友人Aさん、二〇一三年三月五日］

イベントコンパニオンは違う世界の人たちだからわかんないんだ。どんな仕事してるのか検討つかないから、そういうこと話されてもリアリティもてない。ごめんね。大体、盗撮にあうのがイヤなら違う仕事探したらいいんじゃない？　他の仕事なら盗撮とかないし。そういうセクハラとか労働条件がおかしいとかっていうのは特殊な世界だからだと思う。芸能関係な感じがするから、やっぱりそこらへんはハッキリしないんじゃないの？　芸能界には枕営業があるって聞くし、コンパニオンもそういう仕事やっても不思議じゃないっていうか。イヤなら正社（員）目指すとか、違うバイト探すとか、何か考えた方がいいと思う。正直ね、イベントコンパニオンは大変って言われても正社員の方が地味に大変じゃないかな。［友人Hさん、二〇一一年一〇月六日］

日雇い（派遣を）選んだ自分が悪いんじゃないの？　会社が何も対処してくれないって言ってもさぁ、そもそも日雇い（派遣）ってシステムが使い捨てじゃん？　派遣会社もイヤなら辞めろって感じでしょ？　日雇い（労働者）なんて大事にされないんだから、そこはもうコンパニオン選んだ自分の責任でしょ？　今の世の中、自己責任で競争社会なんだからさぁ、もっと社会見て自覚もって生きていった方がいいよ。日雇いで働いてると、社会の仕組みなんてわかりっこない。正社員で責任もって毎日働かないと、社会がどうまわってて企業がどういう立場にあるのかわかんないよ。これは絶対間違いない。本気で働いてない日雇いなんかに何がわかるの？［友人Iさん、二〇一一年一一月一一日］

こうした私の友人たちが発する、日雇い派遣コンパニオンに対する考えは、私が共に働くコンパニオンたちも同様に言われていた。

「コンパニオンって言うと、ひかれるんですよ。何か物珍しいみたいで、仕事の愚痴を話してもあんまし聞いてもらえないんです。へぇ～みたいな。こっちはメッチャ頭にきて話してるのに、コンパニオンだから仕方ないんじゃないかって相手にされない」、「みんなイベントコンパニオンは楽な仕事で給料いいって思ってるみたいで、比較されるんですよ。自分は時給八五〇円だけど、あんたは日給一万以上稼ぐ。だから楽な仕事で儲けていいねって。でも、私たちって日雇いだからいつもビクビクしてるじゃないですか。次の仕事の依頼があるのかとか、毎回違う店舗の人たちと働くわけでそこでうまくやっていけるかなとか不安でいっぱい。だけど、みんなニコニコ笑っとけば稼げる仕事だと思ってるから、大変って言ってもスルーされちゃう」などと言われるという。

こうして、私は友人たちがもつような日雇い派遣イベントコンパニオンのイメージと、実際の日雇い派遣のイベントコンパニオンが置かれている労働環境や条件にギャップを感じるようになった。イベントコンパニオンも労働者であるにもかかわらず、「日雇いだから」、「イベントコンパニオンだから」といって「（労働条件や労働環境が）おかしいと思うんだったら辞めれば？」、「イベントコンパニオンより正社員の方が大変」などと特殊な仕事として捉えられ、相手にされないことに違和感も覚えた。また「日雇いだから会社が対処しなくて当たり前。日雇いなんて使い捨てられる立場なんだから」と、労働問題でありながら個人の職業選択のミスであるかのように自己責任にされることにも、納得がいかない。

言うまでもなくイベントコンパニオンもいち労働者であることは事実であり、「日雇い派遣だから」、「コンパニオンだから」といって、労働者としての権利がないがしろにされるべきではない。そうして、私は不快かつ複雑な気持ちになるのだ。

イベントコンパニオンは、友人たちが考えているようなお気楽な仕事ではない（働き始める前の私もそう考えていたのだが……）。イベントコンパニオンたちは勤務を重ねるごとに、日雇い派遣イベントコンパニオンという女性に特化された職であるがゆえに生じるトラブルに直面することになる。そして、派遣元や派遣先が対処すべき問題が自分で対処せざるを得ない問題として扱われてしまうことに戸惑うと同時に労働問題が次々と潜在化させられていく。つまり、派遣元や派遣先が対処すべき問題は、労働者個人の責任へと帰せられていくのである。

6　本書の目的と構成

本書では、ある携帯電話販売促進イベントで働く日雇い派遣イベントコンパニオンを事例に、現代社会で必要とされる接客販売に従事する労働者が、どのような労働環境に置かれているのか、どのような労働をしているのか、そしてその労働のあり方はどのような問題を孕んでいるのかを検討する。

第1章では、求人広告と照らし合わせつつ、日雇い派遣イベントコンパニオンたちが、いかに求人と異なる仕事を受け入れ、どのようにコンパニオンという仕事を続けていくのかをみていく。それによって、彼女たちが直面している問題が、現代社会における「労働の変質＝労働形態の流動化」によってもたらされていることを明らかにしたい。

第2章では、日雇い派遣イベントコンパニオンに指揮命令を出す男性正規労働者（派遣元、派遣先、家電量販店）の労働状況を記述し、彼らが職務の結果として、彼女たちの人権を侵害する当事者となっていく仕組みについて明らかにする。

第3章では、コンパニオンが勤務していく中で、どのように感情管理を行ないながら働いているのかについて記述する。近年、接客販売業に従事する労働者が増加傾向にあるにもかかわらず、接客販売業の労働者における感情労働についての考察がほとんどなされていない。接客販売業に従事する労働者が感情管理をする場面を検討することによって、労働問題がどのように個々人の感情管理の問題として潜在化していくのかを明らかにする。

第4章では、コンパニオン同士の間で発生する女性性をめぐるトラブルを事例に、いかに女性労働者の女性性が企業および資本に搾取されていくのか、また女性労働者が自身の女性性をどのように受け止め、どのようにして労働力として提供しているのかを記述する。

終章では、日雇い派遣イベントコンパニオンと彼女たちとともに働く男性正規労働者（派遣元、派遣先、各家電量販店）が、不当な労働状況に抗い続けるために何が必要なのかを考察する。彼女、彼らは企業側に悟られないようにうまくサボろうとする。「労働組合とかユニオン？んなもん、関係ないよ。そんなことできる奴って暇人か余裕ある人か頭いい人たちでしょ？俺ら、高卒がほとんどでそんな仕組みわかんないんだよ。それに会社は社員を競わしてるからみんなで運動しましょうなんて、無理無理。大体、そんな活動するより寝て体力回復することが大事じゃん。それに、うまいこと手抜いてサボっちゃえばいいしさぁ。楽しく働こうよ。飲みに行かない？」と言う。ここでは彼女、彼らの「連帯の困難性」を示すとともに、そうした状況を乗り越えるためには、今後どのような課題に取り組むべきかを提示する。


尚、本書において主に使用するデータは、私が二〇一〇年から二〇一三年の間、派遣会社X社に登録・勤務した際に、参与観察調査によって収集したものである。調査の際、データは、携帯電話のレコーダー機能とメモ機能を用いて一旦記録したものをパソコンへ転送する形をとった。

第1章　イベントコンパニオンになる

本章では、求人誌『T』に記載されていた仕事の内容（三六頁、図1を参照）とは異なる、接客販売をすることになった日雇い派遣イベントコンパニオンたちが、いかに仕事を受け入れ、どのように続けていくのかをみていく。それによって、彼女たちが直面している問題が、現代社会における「労働の変質＝労働形態の流動化」によってもたらされていることを明らかにしたい。

1　求人は接客販売業ばかり

私は日雇い派遣のイベントコンパニオンに就く前、アルバイトとしてトンカツ屋の配膳係、ホームセンターのレジ打ち、デパート内でのクレジットカード契約の勧誘、家電メーカーのテレビおよびオーディオ販売などといった接客販売業ばかりを経験してきた。

まるで接客販売業を好き好んで選んでいるかのように思えるかもしれないが、実のところ私は接客販売業が苦手である。子どもの頃から人見知りが激しいうえに根暗であるため、人とうまく接することができないと思っているからだ。そして何より、人の顔色を気にするあまり、人と会った後の数日間、ひどい時には何年もの間、自分の発言や態度を気にしては後悔し、落ち込み、心身共に疲労困憊してしまうことが一番の原因である。これを友人や一緒に働いていた人たちに話すと、「生まれて初めて見る超ネガティブ人間」、「ネガティブ思考すぎて逆に笑える」と評され、最終的には「人と関わらない仕事に就けたらいいね」と心配される有様だ（上述のバイト先の人たちのみならず、新人のコンパニオンにまで！）。

では、多くの人たちから「人と関わらない仕事に就けたらいいね」と言われながらも、なぜ私は接客販売業に就いているのか。単純な話である。まず学生の身分で働ける求人の多くが接客販売業だからだ。このように言い切ると、探しようが足りない、探し方が間違っているのではないかと言う人もいるかもしれない。けれども、学生がアルバイト探しに参照する無料求人誌『T』のなかで「学生歓迎」と書かれていたり、学業の妨げにならない労働条件（たとえば週三日、一日四時間勤務など）の求人のほとんどは接客販売業だ。実際に身近にあるスーパーやコンビニエンスストア、居酒屋やカフェなどの飲食店、アパレルショップなどを見てみると、学生が多く販売員として働いているのがわかる。また日雇い派遣のイベントコンパニオンとして働く女子大学生たちも「無料求人誌の『T』を見たら、学生募集しているのは接客販売ばっかりで、他の仕事はなかなか見つからない」と言う。つまり、企業側は学生を接客販売業における労働力として欲しがっているといえよう。

また、私が様々なアルバイト先で正規労働者から聞くことができたのは、正規労働者の求人においても接客販売業が多いということであった。ある接客販売業に従事する正規労働者は次のように語った。

今日もクレーム客の対応でもう限界。接客販売ってクレーマー対応はつきもので、私の責任じゃないのにすごい怒られたりして頭にくる。客だから一応謝るけどさ、謝りながら「何で私が!?」って思う。もう人と関わらなくていい仕事に転職したくなってハローワークに行ってきたんだけど、どこも接客とか営業の求人ばっか。営業の仕事も結局店舗で販売しないといけないし、取引先に売り込みもしないといけないじゃん。これ以上人疲れとか気疲れしたくないのに、接客、営業系の人相手の仕事しかないからガッカリ。何で他の

仕事ないかな〜。［二四歳、女性、クレジットカード会社勤務］

接客販売以外の仕事ってそうそうないよ。理系みたいな特殊な資格とか技術がないなら、接客か営業職に就くようになると思う。僕はセールストークが苦手で販売ノルマの楽なところを探して転職三回してるんだけど（苦笑）、そう実感したから。転職三回、全部接客販売（苦笑）。製造の組立とか運送業も考えたことあるけど、月収が安いから生活できなくてダメ。特に製造系は外国人労働者が多いから（賃金が）安いんだって。ちなみに営業職はね、店舗に自社製品を置いてもらう営業をするだけじゃなくて、自社製品の売上げ悪かったら、売り場に出て接客販売しないといけないのよ。つまり販売員もやんなきゃいけない。この世の中、接客系の仕事がほとんどって思っておいた方がいいよ。僕みたいな接客向いてない人間でも接客業しか選べないって本当キツイ世の中。［三六歳、男性、大手家電メーカー勤務］

これらの人たちの話からわかるように、企業側は学生アルバイトといった非正規労働者のみならず、接客販売に向いていないと自覚している人や、人疲れや気疲れから逃れるために転職したいと思う人をも正規労働者として接客販売業に取り込んでいく。なぜ企業は接客販売業の求人を多く出すとともに、接客販売に向いていないと自覚しているような労働者まで労働力として活用しようとするのか。ある大手家電メーカーの社員は次のように語る。

接客販売の求人が多い理由は、接客販売がそれだけ重要な仕事だから。だって、販売員が商材を売っていかないと会社がメチャクチャ在庫抱えることになって、製造ラインも止まっちゃうでしょう。そんで売上げ不振が続くと倒産したり、競合会社に吸収合併されたりして、下手したらリストラ対象になるのよ。だから、営業職でも販売員として店舗に立って商材売ってかないと会社がもたない。僕ら現場の人間が会社を支えてるわけ。販売員が多ければ多いほど客にアタック（セールストーク）できるわけで、うまくいけば販売契約の機会が増える。そんで、売れたり契約決まったら利益になって会社は生き残れる。接客販売の求人が多いのは簡単に説明するとそういう事情。本当に売ってかなきゃ、生活できないから。接客販売、なめてかかって突っ立ってるだけの販売員とかいるじゃん。そういう売らない・使えないのがいるから、これまた接客販売員の募集が増えてくんだよね。（会社の）経費のロスでもあるんだけど戦力多い方がいいから。［四〇歳代後半、男性、大手家電メーカー勤務］

要するに、私たちが生きている現代資本主義社会においては、モノを作るよりも、モノを売らなければ、企業は生き残れないと考えられている。つまり、接客販売業が企業の存続にとっ

図1　無料求人誌『T』に掲載されたイベントコンパニオンの求人広告

派　イベントキャンペーンスタッフ
日給1万2000円＋交通費全額支給

平日・休日のみ、1日だけの勤務もOK!!
☆勤務地&シフトが選べるお仕事です☆
★まずは、登録会に参加してみよう★

職〈日程〉1/20・・・・・・
※1日のみの勤務もOK　です!!
〈お仕事内容〉
大型家電量販店内や携帯ショップでの商品PRや風船の配布をお願いします!
※その他、携帯・ブロードバンド案内のお仕事も多数有ります!
お気軽にご相談下さい☆
地　○○エリア、△△エリア、××エリア☆
全域に勤務地多数有☆
あなたの通いやすい勤務地を教えて下さいね!
時　10:00〜19:00（実働8h）
★土日のみ、平日のみもご相談下さい
資　未経験の方大歓迎!
※ほとんどの方が未経験からのスタート
※丁寧な研修制度もご用意してますよ!
待　昇給有、正社員（自社）登用有、制服貸与、有給休暇有
事　派遣業
応　登録会は平日・土日&友達同士もOK!
まずは、お気軽に登録会へお越し下さい。
派遣会社名・住所・電話番号・メールアドレス

イベントstaff大募集!!
風船を配布するだけの簡単作業&丁寧な研修もあるから未経験の方も安心
☆1日〜の勤務もOK☆

笑顔で風船を両手に持ち、衣装を着ているコンパニオンのバストアップ写真

未経験でも稼げちゃう☆
日給1万2000円!!

先輩スタッフのほとんどは、未経験からのスタート!だけど、丁寧な研修のおかげで、あっという間に仕事を覚えられますよ☆まずは、お気軽に登録会へ来てみてね。

無料求人誌『T（仮名）』2012年1月16日発行より作成

て極めて重要な役割を担っているために、接客が好きか否か、接客に向いていようがなかろうが関係なく、たとえ「使えない人」であっても、利益を生み出す戦力として次々と雇用し続けていくしかないのである。

2　仕事は接客販売

とりわけ初勤務のイベントコンパニオンが実際の労働現場へ行くと、求人広告に記載されていた風船の配布ではなく、主として接客販売業務を要請されて困惑する。

風船を配布するだけの業務だと思って応募して、研修でも（求人広告に記載されていた）「風船配り」って聞いたのに、全然話が違って困りました。だって、イベントに風船を用意してないんだもん。［イベントコンパニオンCさん、二〇一二年二月二六日］

コンパニオンは、求人広告になく、研修でも知らされていなかった接客販売の仕事を、最初の労働現場でいきなり要請され戸惑っている間に、仕事に就く前に受けた研修の内容が全く役に立たないことに気づかされる。

一回しか研修ないのに、「丁寧な研修」って嘘ですよ。騙されました。そもそも料金プランの研修自体が接客でほとんど使えない。客は機種のことばっかり（聞いてくる）。この会社どうなってるんですか？［イベントコンパニオンDさん、二〇一二年四月三〇日］

Dさんが言う「ほとんど使えない研修」とは、派遣元X社がコンパニオンに登録会で実施している一回限りのもので、その内容はイベントで販売する「携帯電話会社の料金プランの知識習得」と「コンパニオンとして勤務するうえでの心構え」だけである。そのため、客から携帯電話の機種（種類・特徴・使い方など）に関する質問をされても、コンパニオンが受けた研修では対応できないのである。

派遣元X社社員Aさんによれば「クライアントのY社（派遣先となる携帯電話会社の代理店。Y社の業務について詳しくは九七頁を参照）には、派遣スタッフ（コンパニオン）は即戦力として使える人材と考えられているので、携帯電話会社の知識のないコンパニオンを派遣してしまうと、イベントが行なわれる店舗スタッフやY社から、X社のコンパニオン担当者である自分にクレームがきてしまう」。こうした「クレームを回避するために、コンパニオンたちに携帯電話会社の料金プランを基礎的知識として習得させるんです」と言う。また、①姿勢よく立ち、笑顔で、大きな声で「いらっしゃいませ」と言うこと、②クライアントや店舗のスタッフに笑顔できちんと挨拶を行ない、指示を受けた場合には素直に聞き入れて、好印象をもってもらうこと、③現場で困った際には、一緒に入る先輩のコンパニオンや店舗のスタッフに指示をあおぐこと、という三点をコンパニオンに指導する、と言う。これらの指導が研修で行なわれるのは、「コンパニオンがクライアントや店舗のスタッフに気に入られるように振る舞って人として好かれれば、（労働）現場でミスを犯しても温情で許してもらえるし、クレームを事前に防ぐことができるから」と言うのである［派遣元X社社員Aさん、二〇一二年一月一五日］。

さて、コンパニオンが実際に労働現場で要請される仕事は、派遣先Y社がイベントを実施する家電量販店Zの店舗ごとにノルマとして設定する売上げ目標台数分の携帯電話を、コンパニオン二人一組で手分けして接客販売することである。求人広告に記載されていた「風船の配布」は主な仕事内容ではなく、携帯電話の販売コーナーへと客を集めるための「代表的なイベント」にすぎず、人材を集めるための方便（第2章の派遣元X社社員の語りによれば誇大広告）なのである。だから、コンパニオンが派遣されるイベント会場には、風船が全く用意されていないケースが多い。コンパニオンの仕事は「風船を配布するだけの簡単作業」などではなく、接客販売業なのであるが、その際、研修を受けた携帯電話会社の料金プランだけでなく、研修内容にない機種に関する知識・情報の方が必要となるのである。

コンパニオンの間では、「料金プランよりも機種の知識の研修を行なうべきだ」という声が多々上がっていた。たとえば、Eさんは、次のように言っている。

お客さんって料金プランじゃなくて機種のことを聞く人の方が多いですよね。夏モデルで新機種が増えた時は大変でした。来るお客さんのほとんどが機種変更で実機の使い方と機能を聞くんですよ。私、新機種を全然知らなくてあせりました。こっちが戸惑うと、お客さんは買う気にならないじゃないですか。私たちは携帯電話会社の衣装を着てるから、お客はその携帯電話会社のことなら何でも知ってると思ってる。でも、私たちは研修で料金プランしか習わなくて、機種は全然教わらない。なのに、どこの店舗スタッフさんも、コンパニオンは機種のこと知ってて当然って感じで、わからないことを聞きに行くと嫌な顔することが多いでしょう? 研修の時、わからないことあれば店舗スタッフに引き継いでって言われたけど、嫌な顔されたら無理。それに、店舗スタッフからX社に「何で知らないんだ」ってクレーム入って、勤務停止になったりしますよね。だから、お客に使い方を聞かれてまずいと思ってあせったけど、自信満々で笑顔で手探りながら使い方を教えました。その時、初めてその機種の使い方を知った(笑)。もうみんな言ってますけど、料金プランより新機種が出たら使い方の研修をして欲しい、本当に。[イベントコンパニオンEさん、二〇一二年七月一四日]

Eさんが言っているように、コンパニオンは、機種に関する知識が不足していると、せっかくめぐってきた販売契約のチャンスをみすみす逃してしまうことになりかねず、販売ノルマを達成することも難しくなる。

コンパニオンが機種に関する知識を当然有していると思い込んで接してくるのは、客だけではなく、イベント先の店舗スタッフ（家電量販店Z社員や常勤で携帯電話を販売する派遣スタッフ）も含まれる。店舗スタッフは、コンパニオンが機種に関する研修を派遣元X社から受けていると思っているからである。だから、コンパニオンが客からの機種に関する質問に答えられず、店舗スタッフ（とりわけ家電量販店Z社員）に接客の引き継ぎを依頼しようものなら、イベント先の家電量販店Zから、そのコンパニオンを名指しして「○○さんが怠業しているので、もうコンパニオンとして送ってこないで欲しい」という旨のクレームが派遣元X社へ入れられることになる。[★1]コンパニオンは派遣元X社から「わからないことは店舗スタッフの指示をあおぐ」ように言われていても、決して真に受けてはならないのである。

では、コンパニオンはどのように対処しているのか？

● 自腹を切って購入

コンパニオンの中には、機種の使い方を修得するために、自腹を切って携帯電話の新機種を購入する者さえいる。けれども、新機種はメーカーごとに次々と発売されるので、そうそう購入し続けるわけにもいかない。

●教え合う

コンパニオンの多くは、勤務する日が近づいてくると、自ら携帯電話ショップへ行って新しい機種の使い方を覚えてくるようにする。イベントの際、コンパニオンは二人一組で接客販売を行なうことになるので、最も効率の良いのは、一緒に組む予定のコンパニオン同士で互いの情報を確認し、イベント会場で勤務までに教え合うことである。時には、それぞれが分担して機種の情報をショップへ行って収集するような場合もある。こうした教え合いがコンパニオン業に必要な機種の知識を身につける一番ポピュラーな方法となっている。

●その場で上手くごまかす

携帯電話は新しい機種が次々に登場することから、機種の情報収集が間に合わないこともある。結局、コンパニオンの多くは、客から機種に関して自分が知らないことを聞かれる場面にしばしば遭遇してしまうことになる。こうした場合には、客にそれと悟られないようにその場で上手くごまかすことが重要となる。もちろん、コンパニオンが接客しているところを見ている店舗スタッフに対しても、機種の知識がないことを決して悟られてはならないのは言うまでもない。

3 「ノルマ」と「自爆」と「雇い止め」

イベントごとに、コンパニオンには売上げ目標台数（ノルマ）が課せられる。ただ、彼女たちに課せられるノルマは、派遣元X社から通達されるわけではなく、イベント先で勤務前の朝礼の際に、派遣先Y社社員や派遣の携帯電話販売スタッフにより通達される。ただ、彼女たちに通達されるノルマは、実際のところ、派遣先Y社社員にY社が課している「エリアごとのノルマ」と、家電量販店Zが独自に設定している「店舗のノルマ」によって決まってくる。派遣先社員や派遣の携帯電話販売スタッフのノルマは、たいてい「月間ノルマ」となっているので、各月の前半は決まった台数（一日当たり一〇台）がノルマとしてコンパニオンに課せられるが、月の後半になるとその月の積算売上げが少ないために多くなることもある（一日当たり二〇台など。稀に少なくなる場合もあるが、こうした時は、たまたまその日に商材である携帯電話自体が品切れになった時である）。

コンパニオンは、ノルマが達成できなかった場合、派遣先Y社社員や店舗スタッフから「自腹で携帯電話を購入する」ように要請されることがある。彼女たちは、自分の名義で新しい回線で携帯電話を契約したり、必要のない機種変更をするように現場で「何台まで（購入）できる?」とか「今日一台だけお願い」などと指示されるのである。一台二万数千円かかるので、まさに「自爆」[★2]である〔中野、二〇〇六年、八頁〕。

コンパニオンの中には「自爆」を拒否する者もいるが、それは自分の仕事を失うことに直結する。コンパニオンが「自爆」を拒否した場合、派遣先Y社より「目標台数分を売るのが仕事なのに、接客技術はないし、自爆も拒否したし、もう◯◯さんは派遣してこないで」と派遣元X社へ名指しでクレームが入れられる。そうなると、「自爆」を拒否したコンパニオンは、派遣元X社から「Y社からクレームが入ったので、もう来週から仕事の紹介はできません」という旨の連絡を受けることになる。

「自爆拒否って仕事なくなった」という話は、雇い止めとなった当人が親しいコンパニオンへメールで愚痴をこぼすことで、他のコンパニオンへも広まっていく。けれども、コンパニオン全員が「自爆拒否ったら仕事がなくなる」ということを知っているわけではない。新人のコンパニオンほど知らない者が多いが、それはあらかじめ派遣元や派遣先からはっきりと教えられることではなく、コンパニオンを続けていくうちにうすうす感づいていくようなことだからである。

「自爆」をしないでコンパニオンを続けていくためには、ノルマを達成するしかない。「自爆」拒否によって雇い止めになりたくないコンパニオンの中には、「自爆」を避けようと機転を利かして、あらかじめプライベートで学校の友人や家族に自分がイベントに入る店舗を知らせ、機種を購入しに来てもらうようにセールストークを行なったりする者もいる。けれども、セールストークを行なったからといって、そうそう知り合いがイベント日に購入しに来てくれるわけではない。だからノルマを達成できそうにないとき、コンパニオンの中には、主として派遣先Y社社員や家電量販店Z社員に「わたし今日買えますよ」と明るく言って、率先して「自爆」を申し出る者も少なくない。「雇い止めを避けるためにはどうせ自爆しかないなら、自分から明るく申告して、せめて派遣先社員から好印象をもたれたほうがいい」という、とても計算高いとは言えないような哀れな打算なのである。

4　結果がすべてのランク付け

先に示したように、派遣元X社は、日給一万二〇〇〇円でコンパニオンを募集している。けれども、実際に支払われる日給はコンパニオンごとに異なるものとなっており、日給一万二〇〇〇円に満たないコンパニオンも勤務している。

X社は、すべてのコンパニオンをA・B・Cの三段階でランク付けしている。約五〇名いるコンパニオンは、「Aランク五名程度」、「Bランク一五名程度」と「Cランク三〇名程度」にランク付けされ、ランクごとに日給に差をつけられる。ランクごとに支払われる日給は、Aランクが「一万三〇〇〇～一万五〇〇〇円」、Bランクが「一万～一万二〇〇〇円」、Cランクが「八〇〇〇～一万円」となっていた。

こうしたランク付けは、派遣元X社のイベント担当者Aさんが、イベント終了後に、各店舗へ電話でコンパニオンの勤務態度や業務能力に関するヒアリングを行ない、そのヒアリング内容からA・B・Cランクにコンパニオンを割り振ることで行なわれている。Aさんの話によれば、このランク付けは、以下のようになされている〔派遣元X社社員Aさん、二〇一二年三月一〇日〕。

● Aランク

Aランクの者は、派遣先Y社から指名を受けているコンパニオンである。指名を受ける者の特徴は、「MC（派遣元X社ではマイクパフォーマンスをMCと呼んでいる）ができて、キャンギャル（キャンペーンギャルの略で、MCのできない／しないコンパニオンに対する呼称）の面倒をみながら」、「接客技術が高いために携帯電話を確実に売り上げてノルマを達成し、現場で特に家電量販店Z社員や客からクレームがきても、自分の判断で適切なクレーム処理を行なうことで、イベントを円滑に行なって結果が出せる即戦力と信頼された子」だという。「イベントの際は、Y社から指名を受けたコンパニオンにX社が必ず業務依頼をかけなければならないので、Aランクのコンパニオンは、必然的に出勤回数が他のランクの子より多くなり」、「日給は、Y社からの指名料金を上乗せして支給するため、一万二〇〇〇円よりも高くなり」、「クライアント（派遣先Y社）からの指名料金はコンパニオンそれぞれ異なるので、同じAランクでも日給が異なる」ということであった。

●Bランク

Bランクのコンパニオンは、派遣先Y社や家電量販店Z社員から、「接客技術や売上げ目標台数達成への貢献度が特にクレームのない程度の評価」を受け、「指名が入っていない」、「MCが一応できる子」だという。「日給が一万二〇〇〇円になるのは、Bランクの子がCランクの子と勤務してMC担当になった時で、Aランクと勤務する場合はAランクの子がMCを担当するためにキャンギャルになる」。「その時は日給一万円にする」とのことであった。

●Cランク

Cランクのコンパニオンは、「新人や、接客時に客から質問されても上手く対応できない子、ノルマを達成するのに貢献できない子や、クライアント（派遣先Y社）や店舗からクレームが入りやすい子」で「キャンギャルの子」だという。「クレームを回避するために、Cランクのコンパニオンへの業務依頼は、A・Bランクの子から（出勤を）断られた場合に限って行なう」という。「日給が八〇〇〇円になるのは勤務回数が八回未満の子で、八回を超えると一万円になる」とのことであった。

さらに、派遣元社員Aさんはランク付けに関して、以下のように言っている。

みなさん、登録年数で自分の日給が上がると誤解してるみたいなんですけど、それはいわゆる正社員の年功序列の話であって、派遣、しかも日雇いとなると話は別です。みなさんの場合だと年功序列で日給が上がるんじゃなくて、基本的に勤務回数が重要なんです。考えてみて下さい。登録年数が五年で勤務回数五回の子と登録年数一年で勤務回数四〇回の子、どちらに安心して仕事を任せられると判断します？　勤務回数が多い登録年数一年の子でしょう？　やっぱり勤務回数が多いと仕事の要領をわかってますし、接客スキルも自然と身についてる。それに、勤務回数多い子を派遣すると、クライアント（派遣先Y社）はその子がどんな子かわかっているんで仕事がやりやすいって言うんですね。だから、僕らは勤務回数を重視します。というのも携帯電話業界は商材（機種）の移り変わりが激しいですから、勤務回数が少なかったり、ブランクあって勤務する子は必要な知識、要領を掴むのに時間がかかってクレームが発生しやすい。それでCランクは勤務回数が八回未満、クレームが多い子と設定しているんです。でも、勤務回数が多い方がいいとはいえ、要領わかってない子もいる。これは先程お話ししたクレームを発生させる子に入ります。なので、その場合もCランク。ただ、勤務回数少なくても結構接客ができる子がなかには

いるんですよ。その子たちは即戦力として使えるんで、勤務回数八回未満でもBランクにして日給一万二〇〇〇円出してますね。勤務回数重視ですけど、結局即戦力としてバンバン携帯売ってくれる接客スキルの高い子だったら勤務回数少なくても日給上げます。派遣会社とクライアント（派遣先Y社）が重視しているのは、日雇い派遣だからその日に実績を上げてくれる即戦力として使えるかどうかなんです。結果がすべて。日雇いってそういう世界なんですよ。［派遣元X社社員Aさん、二〇一二年三月一〇日］

このように、派遣元社員Aさんおよびクライアント（派遣先Y社）は、コンパニオンを即戦力として使える労働力とみなしており、彼女たちのスキルを勤務回数で測りつつも、たとえ勤務回数が少なくても売上げ実績を上げれば即座にランクも日給も上げる、という「結果がすべて」の成果主義だと言う。

また派遣元社員Aさんによれば、コンパニオン全員に対して、このような「ランク付け」を行なっていることを公表しているわけではなく、「BランクからAランクに昇格したコンパニオンにのみに知らせる」と言うのである。

つまり、派遣元X社による「日給一万二〇〇〇円」というコンパニオンの求人広告は、高収入を掲げて人材を確保するための「誇大広告」であったわけだが、こうした人材募集広告を行なっているのはX社だけではないし、（良い悪いは別にして）古くから行なわれてきた手口である。[★3]ただ、ここで問題としたいのは、「日給一万二〇〇〇円」という募集広告を見て仕事を始めたコンパニオンの間で、日給の違いをめぐって生じる以下のようなトラブルである。

5　異なる日給をめぐるトラブル

派遣元X社で働き始めたコンパニオンのほとんどは、最初の給与が銀行口座に振り込まれるまで、自分の日給が求人広告の一万二〇〇〇円に満たないことを知らない。なぜなら、派遣元X社はコンパニオンに月ごとに支払う給与の明細を渡さない方針をとっているからだ。そのため、日給が一万二〇〇〇円に満たないコンパニオンは、現場で一緒になった他のコンパニオンへ「求人広告の日給と違う」ことの不満や不信感を話すうちに、コンパニオンごとに日給が異なることを知るようになる。そして、それは、しばしばコンパニオンの間に賃金格差をめぐるトラブルを生じさせることになる。

Aランク のFさんは次のように語る。

先週一緒に働いた子が新人さんって気づかなくて、うっかり「自分の日給が一万三〇〇〇円」って言っちゃったんですよ。そしたら、その子が「自分は八〇〇〇円

なのに、何でそんなに貰ってるのか、(求人誌)『T』より何で多い給料貰ってるのか」ってしつこく聞かれて、もう大変で。私と同じ時間一緒に働いて、私とその子の日給が五〇〇〇円も違えば、そりゃ腹立つし、「何で?」って思いますよね。話してからは、勤務中、ずっと私のこと見てきて、もう給料泥棒と思われないように、いつも以上に接客やって、売って、気を遣いまくりました。私の売りって、接客して販売台数出すことしかないんで。本当に日給の種類全部を『T』に書いて欲しい。「日給一万二〇〇〇円なんて嘘だ」って、新人とかみんな嘆いてるし。あと、昇給の基準も絶対みんなに知らせた方がいい。「会社がランク付けしてる」って、Aランクの子とBランクでも勤務年数長い子しか知らないじゃないですか。揉めないように全部知らせるべきですよ。私以外の子も日給のことで揉め合ってるし、もうX社のせいで揉めるのは疲れる。まぁ、日給でメチャクチャ文句言ってくる子は自己チューで、結構店舗でクレームを起こす子が多いから、自然といなくなっちゃうかもしれないけど。[イベントコンパニオンFさん、二〇一一年三月一八日]

このようにFさんは、日給が自分より低い新人に対し、うっかり自分の日給を話してしまったことから、その新人との人間関係が気まずくなってしまう。仕事は二人一組で行なわなければならないので、人間関係が気まずくなると、すぐに仕事に支障が出る。Fさんは「いつも以上に接客やって、売って、気を遣いまくり」、その新人に対して自分のスキルの高さを示すことで、「日給の格差」を納得させようとした、と言う。

A・Bランクのコンパニオンは、自分がCランクの者よりも高いスキルや能力をもっていると認識している。具体的には、AランクのコンパニオンはBランクのコンパニオンよりもMCの技術や接客スキルが高く、コミュニケーション能力も高いために派遣先Y社社員や家電量販店Z社員とも「より良好な人間関係を築いている」と考えている。また、こうしたスキルや能力だけでなく、「人目を引きつけるようなメイク術」、「スレンダーなスタイル」、「好印象をもたれるような明るい笑顔」など、外見的なものもランクにつながる重要な要素であり、とりわけ格下のコンパニオンにランクの違いを示す方法だと考えられている。これらの外見的なものは、単に生まれもったものだけでなく、自費で、メイク教室へ通ったり、エステの施術を受けたり、週一回のペースで美容院に行ってヘアトリートメントを受けるなど、努力をして磨き上げられることもある。[★4] このように、A・Bランクのコンパニオンは、自分より低いランクのコンパニオンに対して、外見的なものを含めてスキルや能力の違いを見せつけることで、ランク付けとそれによる日給格差が正当なものであることを納得させようとするのである。もちろん、いつも上手くいくとは限らない。

6 高ランクだから「泣き寝入り万歳」

高いランクのコンパニオンのスキルや能力に対して、低いランクのコンパニオンが納得しない場合は、人間関係が気まずくなり、深刻なトラブルへと発展することも多い。

私が何度も目の当たりにしたのは、低いランクのコンパニオンが自分より高いランクのコンパニオンを名指しして「X社の社員やクライアントと付き合っているから待遇がよいのではないか」という噂を流すことだった。こうした噂が流れると、「ランクや日給が高い子は女をつかって、卑怯な仕事のとり方をしている」と信じ込んだコンパニオンの中には、日給の高いコンパニオンが仕事の指示を出しても無視し、職務の遂行に支障が出るような嫌がらせやイジメを行なう者も多い。こうした嫌がらせを受けたコンパニオンのなかには、精神的に不安定になり、仕事ができなくなって休んだりやめたりする者もいた。

とりわけAランクの者が派遣先Y社や派遣元X社の男性社員との噂を流されやすい。また、そうした噂がB・Cランクのコンパニオンにまともに受け取られやすいのは、派遣元X社がAランクのコンパニオンに対して派遣先Y社社員との間に良好で親密な関係を構築するように指示しているからでもある。こうした指示が出されるのは、派遣先Y社からAランクのコンパニオンに指名が入ると派遣元X社には指名代が入る仕組みとなっているからである。さらに、Aランクの者は、Aランク昇格時に派遣元X社からの電話連絡で、クレームを発生させないし、クレームが起きても処理できる能力があると信頼しているためにランクを上げた、と告げられてもいるために、派遣元X社社員との良好で親密な関係を維持せざるをえないのである。

たとえば、イベントで県外に出張した場合、Aランクの者は、派遣元X社の指示によって、Y社が行なう勤務時間外の食事会に必ず出席しなければならない。また、彼女たちは、派遣先Y社の男性正社員から出張先のホテルでの「部屋飲み」に誘われた場合も、角が立たないように断るか、断れないような場合なら、身の安全を考えつつ我慢して参加しなければならない。時には、派遣元X社の男性正社員のプライベートの合コン等にまで、自費での参加を要請される。

仮に、これらを断ったり、「セクハラだ」と派遣元X社のセクハラ相談窓口（派遣元X社社員Aさんが担当責任者）へ申し出たりすれば、次からの雇用を打ち切られたり、ランクを下げられて減給されてしまうため、Aランクの者たちは嫌々ながらも出席し、少々セクハラを受けても我慢して笑ってかわさねばならないのである。

これらの経験を彼女たちは、以下のように語っている。

仕事終わりに、Y社社員にご飯おごるから一緒に行こうって誘われたんですよ。行きたくないなって思ったんですけど、Aさんから「Y社社員に食事会とか飲み会に誘われたら必ず参加して、うち（X社）のイメージが良くなるように交流を深めて下さい。日給高い

のはそういう仕事も含めてのこと。特に出張先では積極的に」って言われるから、これも仕事だと思って行ったんです。そしたら、Y社社員は全員男で下ネタばっかり振ってくるんですよ。もう恥ずかしくてたまらなかったけど、イヤな顔をしたら雰囲気が悪くなる感じだし、前にAさんにセクハラ受けたらどうしたらいいか聞いたら、「Y社のおかげで仕事があるから笑ってしのいでください。それができなかったらランク下げますよ」って言われたんです。Aさんにランクの格下げするぞって脅されたら、あとは自分でどうにかするしかないし、この下ネタ攻撃を数時間我慢さえすれば、ノリのいい子だなって、もっと業務依頼がくるようになるんじゃないかと思って。だから、その雰囲気になじんで、場を盛り上げるように笑って受け流すように頑張りました。そのせいか、その後は前よりも業務依頼が来る率が高くなったんで、場を盛り上げたのがよかったんだなって勝手に思ってます（苦笑）。それからは、飲み会は場を盛り上げようって頑張ってますね。［イベントコンパニオンRさん、二〇一二年三月二〇日］

出張先でY社社員のホテルの部屋飲みに誘われたの。ホテルの部屋に二人きりって何が起こるかわかんないから怖いけど、Aさんに「Y社社員と仲良くなるのも仕事、仕事終わりは相手もリラックスしてるから仲良くなるチャンス」って言われてるから、行かなきゃいけないじゃん。で、行ったら、（酒を）ガンガン飲まされてすごい怖かった。自分、アルコール強いから何とかなるかと思ったけど、相手は男だし酒に強くて、こりゃまずい、襲われるって（思った）。急いで携帯のフェイク着信つかって「親からの電話なんで部屋に戻らせて下さい」って言って、やっと自分の部屋に帰れたっていう。他のAランクの子もAさんから仕事だからって言われて、ホテルの部屋飲みとか食事会に行ってるけどさ、みんな「襲われそうで怖い」とか「セクハラしんどい」って話してるじゃん。それに、Aさん、何も対処してくれないし。だから、このフェイク着信は逃げる時とか早く帰る時用に使えるよって教えてあげてる。（コンパニオンの）友達は、飲み会をうまく断れなかったのが原因で業務依頼が来なくなったり、減給処分にあっちゃったから、こういうやばい状況を切り抜ける技はみんな知っといた方がいいと思う。［イベントコンパニオンSさん、二〇一二年四月三〇日］

X社の社員さんから合コン誘われて、合コンに女の子連れてきたらAさんに頼んで業務依頼を多くしてあげるって言われたんですよ。だから、業務依頼が増えるのはありがたい話だから女の子誘って行ったんですけど、自費だったんです。しかも、その後、「もっと可愛い子いなかったの？　これじゃAさんに頼めないわ」って言われて、業務依頼が増える話はパーです。他の子は、「合コンやってごちそうされて業務依頼が増えた」って言ってましたけど、私はダメだった。それはすごいショックでしたよ、私の友達を否定されたた感じで。Aさんに裏でこういうことが起きてるとか言えないから、泣き寝入りですよね。ただ、相手がY社社員とかAさんじゃないから、ランク落ちないぶん、マシですけど。［イベントコンパニオンTさん、二〇一二年八月二六日］

もうね、Aランクは待遇がいいから（日給が高く、業務依頼も優先的にかけられる立場）、Aさんにも Y社社員にも何にも文句言えない。泣き寝入り万歳ですよ。業務時間外に携帯の知識を自主勉強して、飲み会とか食事会、合コンにも参加してセクハラされ放題って、おかしい。なのに、それの何かができてないと、ランクの格下げ、減給、業務依頼来なくなる。Y社やAさんがその子のランクを決めてて、Aランクであってもどういう基準、ポイントでランクつけてるかハッキリ教えてくれないじゃないですか。だから、仕事終わった後にまた業務依頼が来て、やっと「あの立ち振る舞いで間違ってなかったんだな」ってわかるんですよね。次の業務依頼が来るまで、その前の仕事ぶりに不安を抱えてますから。Aランクって言ったって、日雇いなぶん、面倒臭いとか使えない子だと思われればすぐ業務依頼来なくなっちゃうし、減給も当たり前。だから、業務依頼が来るまで、「セクハラに対して、あの振る舞いでよかったのかな」、「接客はあの方法でよかったのかな」って思ってます。［イベントコンパニオンUさん、二〇一二年一〇月二一日］

このように、B・Cランクの者にはお呼びがかからない飲み会や食事会などへ、Aランクの者は、プライベートの時間に自費で付き合うことを要請されるのである。つまり、Aランクのコンパニオンの仕事には、接客のみならず、プライベートでの付き合いも含まれ、それが雇用の継続と日給の高さに反映しているのである。それゆえ、Aランクの者のなかには、「日給の高さはセクハラの我慢代だ」と言う者も多いけれども、我慢できず退社する者もいる。また、「セクハラに対処して欲しい」と訴えても派遣元X社が全く対応しないことや、低いランクの者からイジメや嫌がらせを受けることで、精神的ストレスを抱えて、心を病んでしまい病院に通いながら勤務を続ける者もいる。

だから、Aランクを維持していくためには、B・Cランクの者からイジメや嫌がらせのターゲットとならないようにスキル（MCや接客のスキル）や能力（派遣元、派遣先、家電量販店の男性社員と親密な人間関係を築くコミュニケーション能力）を高め、セクハラを上手くかわす技術だけでは足りない。結局、Aランクのイベントコンパニオンは、イジメやセクハラを含めた理不尽な事柄を高ランクの代償だとして受け入れ、「泣き寝入り万歳」と割り切っていく（感情管理する）しかないのである。

同様に、イベントコンパニオンを続けていくためには、低いランクの者にも、割り切った感情管理を行なわなくてはならない。

7 低ランクだから「都合よく使われちゃう身」

ランクによって異なるのは、仕事の依頼回数や日給など給与に関わることだけではない。

求人雑誌『T』の募集要項には、「あなたの通いやすい勤務地を教えて下さいね！」、「時間一〇：〇〇～一九：〇〇（実働8ｈ）土日のみ、平日のみもご相談下さい」と記載されている。けれども実際には、誰もが希望する勤務地や勤務日を選べるわけはない。

派遣元X社は、派遣先Y社がイベントを実施する日程および店舗にコンパニオンを派遣する。そのため、コンパニオンの勤務日と勤務地は派遣先Y社がいつ、どこの店舗でイベントを行なうかによって決められていく。

上述したように、派遣元X社は、派遣先Y社からコンパニオン発注依頼を受けると、Y社によって指名されたAランクのコンパニオンへ必ず真っ先に仕事の依頼をかける。その際、派遣元X社はAランクのコンパニオンに対して、イベントの日程と店舗を告げ、「いつ、どこの店舗なら出勤できるか」と希望をきくようになっているが、そうなった経緯は、以下のGさんの話からわかる。

――先月のお給料が九万円だったのに、今月の遠方の出張で立て替えた交通費が六万円ですよ。あと一回出張あるんですが、多分お給料のほとんどが残らないと思う。交通費は翌月末に給料と一緒に振り込まれるけど、立て替え代が高すぎます。稼ぐために勤務したいんですが、立て替えで生活できないのは本末転倒だし。みんな、「交通費の立て替えってしんどい」って言うじゃないですか。特にAランクの子とか。だから、それ（X社に）話したら、「選んで下さい」って、全部の日程と勤務地を教えてくれるようになったんです。それで、近場の店舗選びました。やっぱり近い方が楽ですもんね。［イベントコンパニオンGさん、二〇一一年三月二一日］

イベントの多くは、様々な地方で実施されるので、一カ月に行なわれるイベントのすべてがかなり遠方への出張となることがある。そうなると、コンパニオンは、新幹線やタクシーを立て替えで利用して出張することとなる。Gさんが言うように、コンパニオンが勤務地へ向かう際にかかる交通費を全額立て替えなければならないことは、彼女たちの大きな負担となるのである。

Aランクのコンパニオンの場合、交通費の立て替え代が自身の給与を上回り、生活に支障をきたすこともある。そうなると、交通費の立て替え代が多すぎて、派遣先Y社からの指名を断ることが多くなるのである。こうした事情を知った派遣元X社は、「指名」のコンパニオンが出勤できないとY社との取引に問題が生じることを懸念して、AランクのコンパニオンにY社がイベントを実施する日程と店舗をすべて伝え、そのなかから希望の勤務日や勤務地を優先的に選べるようにしたのである。

その上で仕事の依頼があってもAランクのコンパニオンが出勤を断れば、派遣元X社はB・Cランクの者へ仕事の依頼をかけることになる。派遣元社員Aさんは次のように言う。

Y社からのコンパニオン発注依頼を達成するために、B・Cランクの者には何としてでも出勤させて、コンパニオン発注に絶対穴を開けないようにしてます。［派遣元X社社員Aさん、二〇一一年四月八日］

けれども、B・Cランクのコンパニオンたちも、先のGさん同様、交通費の立て替えに苦しむことになる。当時Cランクで間もなくBランクに昇格するHさんは次のように述べる。

私、先月全部、○県、△県、□県、×県って（県外）出張だったんですよ。家から行くと、五万円以上お金がかかって大変でした。あんなに出張ってお金かかるんですね。Aさんがこっそり教えてくれたんですけど、「Aランクの人が全員行けないって断ったんです」って。「だから、頼むから行ってくれないか」って。「Y社からの業務依頼を断って穴を開けると、今後のコンパニオンの発注依頼がなくなるかもしれないんです」って訴えられて。でも、私、「お給料が少ないから交通費立て替えると生活できないし、その日は予定が入ってるので無理です」って言ったんです。そしたら、「今回だけ日給を一五〇〇円上げるから行ってくれ」って頼まれました。すごいいい話だけど、予定と交通費どうしようって悩んで、結局引き受けようと思って、友達と遊ぶのとかサークルの飲み会とか全部断って、一人暮らしなんで食費を削って節約しました。食費を削りすぎて貧血になったんですけど（笑）。一生懸命頼まれて断っちゃうと、もう業務依頼来なくなるかもしれないって怖くなったから引き受けるしかないかなって。普段、私は業務依頼をあまりかけてもらえない存在なので。食費削っても貧血起こすくらいで死なないし、声かけてもらえるうちが華かなって（笑）。もっと早く業務依頼をくれると予定とか交通費とか考えられるんですけど、Aランクの人からシフトを組まれるから、私みたいな下っ端は急に頼まれてばかり。そしたら、Aランクになれよって話ですけど、Aランクの方たちはすごい能力の持ち主ですから、私には無理だなって。だから、私とかって都合よく使われちゃう身なんですよね。［イベントコンパニオンHさん、二〇一二年四月一四日］

このような交通費の立て替えに対する愚痴は、Aランクではない者から、よく聞く話である。そして、Aランクが出勤を断ることで急遽勤務を依頼されたコンパニオンの多くは、「Aランクの者の存在をその時に知った」と言う。そして、自分もAランクのように「業務依頼を多くかけて欲しい」、「希望の出勤場所や勤務日を選びたい」と話す者も多い。けれども、誰がAランクになっているかを知ると、彼女たちの多くは、「私には無理だ」と諦める。Aランクになれない彼女たちがイベントコンパニオンを続けていくためには、Aランクよりも日給が低くても、希望の勤務地や勤務日を選べなくても「都合よく使われちゃう身」と割り切って（感情管理して）、派遣元X社のランク付けを甘受することで、職場へと適応していく以外ないのである。

8　事後的に見いだされるスキル

ここまで派遣会社X社に雇用される日雇い派遣イベントコンパニオンの雇用のあり方についてみてきた。彼女たちの置かれている雇用状況をどのように考えたらよいだろうか。現代社会を「リキッド・ライフ――不安定な生活であり、たえまない不確実性の中で生きること」[Bauman 2005=2008: 8] と指摘する社会学者ジグムント・バウマンによると、現代のスローガンは「柔軟性」であり、労働市場にあてはめて言えば、「われわれが慣れ親しんだ」仕事の終焉、具体的には契約期間と非契約期間が代わる代わるめぐってくる短期契約の仕事や、安定が保証されたものではなく、「追って通知があるまで」という条項によって規定される地位などを意味している、という [Bauman 2001=2008: 38]。本章で取り上げたコンパニオンたちが直面している問題は、まさしくその一つの典型であるといえよう。彼女たちは、いつ仕事の依頼があるのかもわからない存在であり、安定は保証されず、いかに要請される労働条件に適応するかという「柔軟性」が常に求められている存在である。

　コンパニオンのほとんどは、派遣元X社の指示をうけて、クレームを引き起こさないように職務を遂行し、現状の労働条件を甘受することで職場へと適応していく。しかし、それで「安定が保証されるわけではない」。「取り残される、他の誰の目に掛けていないものにこだわる、怠けていると咎められる、進歩の列車に乗り損なう、といった辱めから身を守」るために、彼女たちが「肝に銘じておかねばならないのは、必要とされるのが、忠誠心ではなく、警戒心であるということ」[Bauman 2005=2008: 20-21]である。警戒心を怠れば、「取り除かれ、他の未使用の消費対象のために場所を空けなければならな」くなる[Bauman 2005=2008: 20]。取り除かれないためには、仕事の依頼を獲得できるように自身のスキルを向上させ、「話が違う」条件であっても受け入れることに加えて、派遣元や派遣先の社員の求めに応じて、いち女性として飲み会や食事会へと勤務時間外でも赴くように努めなければならない。コンパニオン同士で生じた軋轢[★5]や、セクハラなどのトラブルへの対処は、彼女たち自身が常に警戒心をもって個人的に対処すべき問題になっているということである。さらに、仮にコンパニオン自身が警戒を怠らず職場へと適応しようと努力したとしても、「業務依頼を受ける」という雇用の継続がなければ、彼女たちの努力は無駄に帰すのである。

コンパニオンのような対人サービス業における非正規労働者の「スキル」は、「身につける」というよりも、雇用が継続されていく度に事後的に見いだされるものにすぎない。つまり、彼女たちが仕事のスキルを身につけた／発揮したかどうかは、勤務後に再度仕事の依頼がくるか否かによって、事後的にしか知り得ない。また、こうしたコンパニオンに要請される「スキル」の特徴は、ミニスカートを着用して明るく笑顔で接客販売する労働現場だけでなく、派遣先や労働現場の男性正社員との「良好な関係」を築くことで高い人格的評価を獲得するために、彼女たちの女性性が労働現場以外でも消費されることに繋がっている。彼女たちには、常に売上げ目標台数というノルマの達成が課され、販売実績を上げることが求められる。彼女たちが販売実績を上げるためには、売り場に訪れる客の購買意欲をかきたてるようなセールストーク＝コミュニケーション能力を、客にあわせて臨機応変に発揮しなければならない。しかし、仮に労働現場で販売実績を上げても、彼女たちは派遣先や労働現場の男性社員と「良好な関係」を築き、彼らから評価されなければ、次の仕事を得られない。そのため彼女たちは、新たな仕事の依頼を獲得できるように、派遣先や店舗従業員らの会話や態度から、何が自身に期待されているのかを読み取り、「話が違う」条件であっても受け入れていく。

このように、イベントコンパニオンの「スキル」は次の仕事の依頼によって事後的に見いだされる。そして彼女たちに求められる「柔軟性」（派遣先Y社社員に気に入られようと笑顔で「自爆」を自ら進んで申し出ること、自分の容姿にこだわること、労働時間外に派遣先Y社社員との飲み会に参加すること、派遣元X社社員との合コンのセッティングを行なってセクハラを受け入れること）は彼女たちの女性性が労働現場以外で消費されることに繋がっていることが明らかとなった。次章では、派遣元、派遣先、家電量販店の男性正規労働者たちの労働実態を記述し、イベントコンパニオンが直面する労働問題を彼らが潜在化させていくメカニズムについて考察する。

★1　参与観察調査の際、家電量販店Zの複数の社員から聞いた話。

★2　中野［二〇〇六年、八頁］によれば、「自爆」とは、「自分の名義で必要もない契約をしたり、架空の契約をつくって身銭を切る」と説明されているが、中野が事例としているのは非正規労働者ではなく正社員である。後に第2章でみるように、イベントコンパニオンが強いられる「自爆」は、もともと派遣先Y社社員や家電量販店従業員に対してノルマが達成できない際に課せられている「自爆」の一部を負担させられている、という構造になっている。ちなみに、「自爆」の頻度であるが、コンパニオン各自の接客技術、イベント日に新機種が発売されるか否か、店舗が抱える月間販売ノルマがどこまで達成されているかによって、イベント日の販売ノルマが変動する。そのため、「私メッチャ売るんで自爆は一回だけ」と言う人や「毎月自爆する」、「出勤した週は必ず一台」と言う人もおり、コンパニオンによって様々である。

★3
実際、Aさんは「高収入を売りにして人材確保するには、日給一万二〇〇〇円で掲載するのが確実な方法だ」、「勤務経験を重ねて、接客スキルやクレーム回避能力を高めれば日給一万二〇〇〇円支払うのであるから掲載内容に偽りはなく、むしろコンパニオン自身の能力の問題だと自覚すべきだ」と話している。［派遣元X社社員Aさん、二〇一二年三月一〇日］。

★4
ランク付けをみれば、イベントコンパニオンの労働においては、実際のところ、「華やかなメイク技術」や「スレンダーな体型」、場合によっては「高身長」など外見的なものもスキルや能力となっていることがわかる。けれども、こうした外見的なものに関連するスキルや能力は、努力して身につけられるものである場合もあれば、「生まれつき」恵まれたものという以外にない場合もある。逆に言えば、どんなに努力しても無駄に終わることもあれば、「生まれつき」不幸だと諦めるしかない場合もある。という意味では、イベントコンパニオンの労働に関するスキルや能力は、スポーツ選手や芸能界などと同様、結果によってだけ努力や能力が認められる、という性質のものである。

★5
女性性をめぐるトラブルについては、あらためて第4章で詳しく論じる。

第2章　「日雇い派遣奴隷制」に荷担してしまう厄介な男たち

近年「派遣切り」や、正社員を対象とした「追い出し部屋」などといった自主退職に追いこむような配置転換が行なわれるなど、正規・非正規問わず、労働者の雇用状況の不安定化が問題だとマスメディアなどで取り上げられている。後に記すように、厚生労働省は、「非正規労働者の保護」を掲げ、日雇い派遣を二〇一二年改正の労働者派遣法で原則禁止とした。しかし、「昼間学生などの主たる生計者ではない者」や「労働者保護という観点から問題のない一八業務」は、例外として日雇い派遣が認められることとなった。

携帯電話販売促進イベントに派遣されるコンパニオンも、改正労働者派遣法で例外として位置づけられた日雇い派遣労働者である。彼女たちの労働現場には、主として①～③のような男性正規労働者が関わっている。

①派遣元の人材派遣会社社員
②派遣先の携帯電話会社代理店社員
③イベント先の家電量販店の店舗社員や家電メーカー社員

これらの男性正規労働者たちは、コンパニオンにとって「実質的に」何らかの指揮命令を下す「上の人間」である。

日雇い派遣という不安定な雇用状況に置かれているコンパニオンは、労働現場において様々な人権侵害（ハラスメント、盗撮、「自爆」など労働者としての権利侵害）に直面していく。その際、彼女たちの労働現場に関わる男性労働者は、彼女たちが被った人権侵害をなかったこととして隠蔽するだけでなく、彼ら自身が人権侵害の加害者となり、時には「職務」によって彼女たちの労働者としての権利を侵害する当事者となっていく。本章ではこうした男性労働者の問題性を、派遣元、派遣先、イベント先の家電量販店社員らの置かれている労働状況と関連づけて明らかにする。それによって、イベントコンパニオンなどの日雇い派遣労働者が「過酷で残酷な働き方をさせられる派遣奴隷制」［木下、二〇一二年］のもとに置かれるメカニズムがより明確になると思われる。

まず、日雇い派遣が原則禁止となった過程を概観し、次にイベントコンパニオンらに指揮命令を出す男性労働者の労働状況について記述する。次に、これらの男性労働者が、日雇い派遣イベントコンパニオンが置かれている「派遣奴隷制」という労働状況に職務の結果として荷担していることを明らかにする。

1　日雇い派遣の登場と拡大

日雇い派遣は、一九八五年に制定された労働者派遣法の派遣適用対象業務の拡大という法改正にともなって登場した〔派遣ユニオン・斉藤、二〇〇七年〕。なかでも、日雇い派遣拡大のきっかけとなったのが一九九九年の法改正で、それまで専門業務に限定していた派遣労働の対象が原則自由化された〔風間、二〇〇七年、一三六頁〕。一九九九年の法改正でもなお派遣禁止業務と定められていたのは、「建設業務」、「警備業務」、「湾港運送業務」、「医療関係業務（一部は可）」、製造ラインなどの「物の製造の業務」であったが、二〇〇四年の法改正で「物の製造業務」が解禁された〔派遣ユニオン・斉藤、二〇〇七年、五三頁：木下、二〇一二年、一二三頁〕。法改正のたびに派遣の対象業務が拡大することで「日雇い派遣」も増加し、いまや多くの仕事（例えば倉庫の仕分けや軽作業、工場での組み立て作業、引っ越し作業、スーパーにおけるレジ打ちや生鮮のラッピング、地下食料品店の推賞《ママ》販売、ティッシュ配り、イベント会場の設営や案内など）が派遣労働で可能となった。携帯電話の販売促進もそのうちの一つである〔木下、二〇一二年、一二五頁〕。

様々な業種で日雇い派遣労働が可能となったことで、日雇い派遣が直接雇用を侵食するという指摘がある。企業側が日雇い派遣を「人件費コスト削減」や「使用者責任の回避」目的に利用する現状にあるからだ〔派遣ユニオン・斉藤、二〇〇七年、四九～五五頁〕。

こうした企業側にとって「使い勝手のいい究極の形」である日雇い派遣は、直接雇用を侵食するのみならず、「究極の雇用の劣化」〔派遣ユニオン・斉藤、二〇〇七年〕、「過酷で残酷な働き方」〔木下、二〇一二年〕とも指摘される。なぜなら、日雇い派遣はその名の通り、今日限りで明日は仕事の依頼が来ないかもしれないという不安定な雇用形態であることに加えて〔木下、二〇一二年、二六頁〕、禁止されているはずの建設業や湾港の業務への派遣、違法な二重派遣を隠蔽するために行なわれる労災隠し、派遣先社員が不在の現場における指揮命令権の不明瞭さ、「データ装備費」などの不可解な賃金の控除、時間外・休日の割増賃金の不払いなど、労働基準法で定められた「人たるに値する生活を営むための必要を充たす」働き方ではない労働問題[★1]を頻発させてきたからだ〔派遣ユニオン・斉藤、二〇〇七年〕。

また、日雇い派遣は一回限りの存在であるがゆえに「派遣さん」と呼ばれる匿名化された人格の否定、労働者を「人扱い」せず転がしていく商売、派遣先の絶対的指揮命令権によって「立場の弱い、物言えぬ者にするセクハラ、パワハラ、暴力が横行する」、「派遣奴隷制」、となっているとの指摘もある〔木下、二〇一二年、二六～二七頁〕。

2　日雇い派遣原則禁止で「困る」労働者たち

日雇い派遣の実態における問題性は、参議院厚生労働委員会でも取り上げられ、小宮山厚生労働大臣が「派遣労働の場合は派遣元があって、派遣先があって、労働者がいるという非常に複雑な形になって」いるために、「非常に短期の雇用契約の場合、派遣元での雇用管理責任が十分に果たされない可能性がある」、「雇用と指揮命令が一致」することで「懸念（雇用管理における不当な扱い）が生じにくいのではないか」〔参議院厚生労働委員会、小宮山洋子発言、二〇一二年三月二七日〕と答弁し、二〇一二年に法改正がされ、日雇い派遣の原則禁止となった。

法改正の具体的内容は次である。「派遣労働者の保護」を目的とし、主として雇用期間が三〇日以内の労働契約となる日雇い派遣を原則禁止とする。その一方で、①日雇い派遣が常態であり、労働条件や賃金に関する労働者側の交渉力が強いといった「労働者の保護に問題ない業務」とされた一八業務、②「雇用の機会が不足し、雇用の確保を緊急に図るべき」六〇歳以上の者、「生活のために派遣労働に従事する必要性に乏しい」昼間学生、副業として従事する者（生業収入が五〇〇万円以上の者に限る）、主たる生計者以外の者（世帯収入が五〇〇万円以上の者に限る）は、例外として認められることとなった。また、①と②の両方を満たすことなく、どちらか一方にあてはまれば日雇い派遣は行なえることになっているため、とりわけ②にあてはまる対象者は、法改正以前と同様に、日雇い派遣で様々な業務に従事し続けることが可能な状況となっている。なお、日雇い派遣のイベントコンパニオンは、看護・医学や美術などを専攻する昼間学生＝大学生であるために、法改正されても引き続き働き続けている現状である。

こうして厚生労働省は日雇い派遣を原則禁止とすることで、労働者の雇用の安定を図るとともに労災隠しなどといった不当な扱いから労働者を守りはじめたように思われる。しかし、その一方で日雇い派遣労働ができなくなった者や日雇い派遣を利用していた企業の正規労働者は切迫した状況に陥っている。

●「日雇い派遣ができたから生活できてたのに……」

私が携帯電話の新機種を見にプライベートで家電量販店に行ったところ、共に勤務したことのある元日雇い派遣労働者と遭遇した。私が「最近どこの店舗で働いてるの？」と声をかけると次のように話した。

日雇い派遣、できなくなって頭抱えてるんですよ。会社（派遣元）から「学生だっけ？」って聞かれて「違います」って言ったら、「法律変わったんですよ。副業で五〇〇万か家のトータルの収入が五〇〇万ありますか？」って。親の収入五〇〇万ないし、これ一本でやってたから副業じゃないし。いま、無職だからお金どうしようって困ってて。貯金切り崩して生活っていってもたいした額ないし、親に頼るっていっても年だから迷惑かけたくないし、本当に困った。思うんだけど、五〇〇万とか稼いでる人が日雇いで副業するんですかね。自分だったら五〇〇万ありゃ、休みの日にわざわざ副業なんかせずに家で休みますよ。

［家電量販店で接客販売業に従事していた男性、二〇一三年六月七日］

実は借金あって副業で日雇い派遣やってたのね。何とか日雇いで返せてたし生活もギリギリできてたけど、もうアウトかも。副業は（年収）五〇〇万ないとダメなんだけどさ、五〇〇ありゃ、副業で日雇いなんかするかっちゅうの。だいたい、いま年収五〇〇ある人ってほとんどいないよ。うちの会社で五〇〇もらってる人なんかいるのかって感じだし、みんな休日はヘトヘトで休んでるしね。もう（借金）ヤバくてさ、リボ（払い）だから利子ばっか払ってる感じ。もう自己破産しないとヤバイかなって、本気で考えてる。自己破産って辛いよ、本当に。

［家電量販店で接客販売業に従事していた女性、二〇一三年七月一〇日］

● 「日雇いで使えるのがいなくなると、俺らの身体がもたん」

また、日雇い派遣を使用していた企業の正規社員らは次のように述べる。

Oさん　日雇い（派遣）は、自分たち（正規社員）だけで販売ノルマが達成できない時に、助っ人として販売貢献してもらうために入ってもらってたんだよね。あと、自分らが連勤で休みがとれてない時に本部から「お前らが休まないと法に触れてヤバイ」って注意受けたりとか、自分たちの身体が連勤続きでもうもたないと思った時に、支店から特別にお金出して自分らの代わりに土日祝日に臨時で出勤してもらったりしてさ。それがもうできないわけじゃん。例外ってやつの六〇（歳代）のジジババは使えないし、学生は客からしたらちょっと頼りないって思われて契約に結びつかなかったりするし、一番使いたいのは二〇（歳代）半ば、三〇代。なのに、副業にしても家の収入にしても五〇〇万ないとダメって話じゃん。五〇〇万ありゃ、日雇いなんか誰もせんだろって。

Pさん　うちも困ったわぁ。お前んとこと同じ感じでさ、（自分たちが）休むために日雇い使ってたりしたんだけど。俺ら有給あっても業績考えたら使えないし、使わせてももらえないからたまっていくばっか。おい、いつ休むんだって感じ。日雇いダメになって、会社がバイト雇うかっつうのも（というのも）よくわからんし、当分日雇いがおらん状態で状況をみていくしかないだろ。休日出勤、お互い体力的にも精神的にもヘロヘロだけどさ、何とか頑張ろうや。過労死はなったときって遅いか（笑）。

［家電量販店で土日祝日の応援販売員として働く家電メーカー正規男性社員Oさん、Pさん、二〇一二年六月一六日］。

このように、厚生労働省は日雇い派遣原則禁止によって雇用の安定をはかり、不当な扱いから日雇い派遣労働者を守るとしながら、実際のところ、日雇い派遣労働者の中には、生活が苦しくなって破綻するような危機的状況に陥る者も少なくない。また、正規社員の中には、日雇い派遣が原則禁止となることで、正社員に課せられる労働量が増し、肉体的にも精神的にも疲弊し、過労死に至るのではないかという不安を抱える者も多い状況となった。日雇い派遣労働者を守ることを目的とした法改正が、日雇い派遣労働者のみならず正規労働者の仕事と健康をも脅かすようになったのである。★2

本章では、派遣元の人材派遣会社、派遣先である携帯電話代理店、労働現場となる家電量販店で働く男性正社員を取り上げていくが、読者のなかには、派遣元、派遣先、家電量販店には女性労働者もいるはずにもかかわらず、なぜ男性労働者を取り上げるのかと疑問に感じる人もいるだろう。本章で男性正規労働者を取り上げるのは、イベントコンパニオンを評価づけ、指揮命令を出すのは男性正規労働者であることと、そもそもコンパニオンと他の女性労働者とはあまり関わりがないからだ。もちろん派遣元X社にも女性社員はいるが、彼女たちは内勤の事務職であるため、コンパニオンは電話や受付でしか話したことがないという（私の場合、かつて派遣元X社の女性社員が担当となったことがあったけれども、それは例外的なことで一カ月間という短い期間だった）。また、派遣先Y社の社員のなかにも女性労働者がいるそうなのだが、労働現場で出会ったことがない。労働現場となる家電量販店にも女性労働者はいるが、家電量販店に直接雇用されている女性労働者はレジ打ちの女性が多いために携帯電話販売と接点がない。もちろん、携帯電話コーナーにいる販売スタッフには女性労働者もいるが、彼女たちの多くはコンパニオンと同じ派遣元X社に雇用される派遣労働者であり、彼女たちもコンパニオンと同様に派遣先から自身の労働に対する評価づけがなされ、指揮命令を受ける。そのために、販売スタッフである彼女たちはイベントコンパニオンについて「同じX社の仲間」として処遇の悪さを同情して捉えているか、自分とは関わりのない「一日限りの人」だと思って全くもって無関心である場合が多い。このようにコンパニオンは、男性労働者と多く接点をもち、様々な指揮命令を受けて働いているのである。

3　派遣元X社のコンパニオン担当者の仕事①——人員の管理

派遣元X社は、家電量販店や家電メーカーの販売スタッフ、事務スタッフ、営業スタッフ、コールセンタースタッフなど多岐にわたって人材を派遣しているのだが、人材派遣業界においては携帯電話業界に強い大手派遣会社として知られている。なぜなら、X社の主要な取引先企業が国内でも最大手に位置づく携帯電話会社の代理店（派遣先Y社）であり、そもそもX社の前身が携帯電話会社の代理店であったため、X社は携帯電話業界の状況に精通しており、代理店時代のノウハウを用いて人材を派遣することを売りにしているからだ。実際X社の登録スタッフの多くが携帯電話やブロードバンドの販売スタッフ、その販売促進のイベントコンパニオンとして派遣されていく。

X社は、各登録スタッフにX社の男性正社員の営業担当者をつける。営業担当者の職務は、取引先企業をまわるほか、新規の取引先を開拓して仕事を獲得することと、担当する登録スタッフに仕事を紹介して統括管理することだ。基本的に営業担当者が受け持つ派遣先と派遣登録スタッフの組み合わせは一社固定的で、複数の派遣先企業を兼任しないようになっている。

派遣元X社におけるコンパニオンの担当者は、実質的に男性正社員Aさん一名となっていた。「実質的に」というのは、次の理由による。Aさんは本来派遣先Y社に派遣する携帯電話販売スタッフを担当しており、コンパニオンを派遣先Y社に派遣する営業は別の男性正社員が担っていた。しかし、そのコンパニオン担当者が相次いでトラブルを起こし、引き継ぎもせぬまま次々と退職していくため、たびたびコンパニオン担当者が不在となって仕事がまわらない。そこで派遣元X社の支店長が派遣先Y社の状況をよく知っているAさんに、次のコンパニオン担当者が決まるまで派遣先Y社の携帯電話販売スタッフとコンパニオンの担当を並行して行なうように指示を出した。そしてAさんは、コンパニオン担当者が決まるまでの一時的なピンチヒッターとして二つを担当することになった。すると、派遣先Y社が次々とコンパニオン担当者の変更をされたのでは信頼関係を築けないうえに業務連絡が取りにくいため、もうAさんが担当者でいいのではないかと申し出をするようになる。派遣元X社支店長は、当初コンパニオンの登録者数が約五〇名もいるため、Aさんに携帯電話販売スタッフに加えてコンパニオンを五〇名も任せるのは重労働になると考えて二の足を踏んでいた。しかしその一方で、大口の取引先である派遣先Y社の言い分は適切であることや、実際のところピンチヒッターといっても結果としてAさんが一人でコンパニオンを担当している期間が長いうえに、重労働とはいえコンパニオンの担当をこなせていることを考え、Aさんに派遣先Y社に派遣する携帯電話販売スタッフとコンパニオンの二つの担当を任せることとなった。

派遣元X社社員Aさんの仕事を整理すると、おおよそ次の五点に整理できる。

① 無料求人誌へのコンパニオン人材募集広告の掲載
② 求人誌を見たコンパニオンの面接・登録・研修
③ 派遣先Y社のコンパニオン発注依頼に対する人員の配置と、コンパニオンへの仕事の依頼
④ 派遣先およびコンパニオンからのクレームへの対処
⑤ コンパニオン発注依頼獲得のために新規取引先の開拓

Aさんはコンパニオン担当者になってから、「いかにコンパニオン担当業務が他の担当業務

より面倒であるか身を以てわかるようになり、次々退職していった前任者らのトラブルも理解できるようになった」と言う。というのも、Aさんによれば、「多くの社員が担当する携帯電話販売スタッフとコンパニオンの場合は派遣の形式が異なり、コンパニオンは日雇い派遣だからこそ面倒でややこしい」そうだ。

派遣元X社社員Aさんがコンパニオン担当者になってまず混乱したのは、コンパニオン登録者約五〇名のうち、派遣先Y社からコンパニオン発注を受けたイベント実施日に出勤可能なコンパニオンを把握することであった。

Aさんが同時並行で担当する携帯電話販売スタッフの場合、派遣先Y社から「違うスタッフを派遣して欲しい」と依頼が入ったり、携帯電話販売スタッフから退職や勤務地の変更の要望などがでない限り、同一スタッフを基本的に三カ月、半年、一年更新で同じ店舗で働かせるという。そのため、派遣先Y社や担当する携帯電話販売スタッフから異動依頼がなければ人員確保のために求人広告をたびたび出す必要がない。これはAさん以外の派遣元X社男性社員も同じ状況だそうだ。

しかし、コンパニオンの場合は日雇い派遣ゆえにそうはいかない。コンパニオンとして登録する彼女たちの志望動機をみるとわかりやすい。コンパニオン登録している約五〇名の大半は(私の知る限り八割は)、看護学部や医学部に所属する昼間学生の女子大学生である。授業では実習が数カ月単位で入り、実習のある月の平日は授業やレポート作成で丸々潰れるために平日のアルバイトが難しく、また、国家試験もあるのでその勉強もしなければならない。しかし、アルバイトをしなければ生活は成り立たない。彼女たちによると、居酒屋やコンビニのアルバイト面接に行っても、履歴書の大学名・学科名を見た途端に「看護かぁ。実習ある月は欠勤だよね？　欠勤を長いこととされると、また人を募集しないといけないから医療系の子は採用しないことにしてるんだよ」とすぐさま断られるという。そうして土日祝日のみの勤務で一気に生活がまかなえるほどの額を稼ぐことができて、仮に実習や試験準備などでいくら欠勤しても問題のない「単発」の求人を探すと、派遣元X社のコンパニオンしかなかったそうだ。また、彼女たちは異なる大学に在籍しているが、各大学内で「X社のコンパニオンなら好きな時に働けて生活費分は稼げる」という噂が流れていることも、医療系の女子大学生がコンパニオンになる要因として大きいという。

そして、彼女たちは「先週出勤可能にしてたんですけど、レポートが急遽出たから欠勤にしてもらったんです。単位出ないとヤバイから働いてる場合じゃなくって」、「レポートばっかりで大変なんですよ。この間、同じ大学の子のほとんどが欠勤したって言ってて。だから、先週のX社のコンパニオンで出勤できる人、すごい少なかったんじゃないですかね？　でも多分来週はメッチャ出れる人増えますよ。休講があるから」などと話す。

こうした状況の中、派遣元X社のAさんは、看護や医学を専攻する女子大学生ばかりが登録していることに頭を抱えることになる。Aさんは、コンパニオンに月末の週までに翌月一カ月分の土日祝日で出勤可能な日をメールで提出する（派遣先X社では、このメールをシフトと呼ぶ）ように要請するのだが、彼女たちの多くは「授業の都合でその月、その週にならないと出勤可能かわからない」と記載して送信したり、なかにはシフト自体を提出しない者もいる。そのため、Aさんは誰が出勤できるのかわからず、派遣先Y社からコンパニオン発注を受けた日の人員は足りるのかと常に不安に駆られるという。この不安は、仮に人員が不足した場合には、AさんとX社支店長がY社の営業担当者のみならず、家電量販店に出向いて人員を揃えられなかった旨の謝罪をせねばならず、この事態が続くとX社では契約社員に降格させられるからだそうだ。

派遣元社員Aさんの前任であったコンパニオン担当の男性正社員は人員を揃えられないことが度重なり、派遣先Y社社員たちはその男性正社員を叱り飛ばしていた。それ以後、その男性正社員は、人員が揃えられないことがイベント実施日の前日もしくは当日にわかると、出勤が決まっているコンパニオンに電話やメールをし続け、そのコンパニオンの友人で暇な人を紹介して欲しいと頼んでまわった。そして、そのコンパニオンと友人をペアにしてY社に派遣していたのだが、人材登録も研修もしていない者をコンパニオンとして派遣していることがX社にバレてしまい、問題となった。問題はそれだけではない。X社の規定では、給与はX社に登録後、勤務した者に支払うと定められているために、その社員はコンパニオンの友人を後日X社で人材登録するとともに、勤務日を登録日から一週間後とした偽りの勤務報告書を書かせて、自身のポケットマネーから給与を手渡していたという。そうして不当な人材の確保を続けた結果、担当から外され、自宅謹慎の後に退職となった。

Aさんは、前任者について次のように言う。

人員を集めるのって、本当に大変なんですよ。普通五〇人も登録してたら誰か出勤できるだろうと思うでしょう? 僕も最初そう思ってました。でも、女の子たちに話を聞いていくと看護の子で、ほとんど同じ大学だから実習とか試験とか重なっちゃって、出勤できない日がかぶるんですよ。そうすると、(派遣先)Y社の依頼人数をメチャクチャ超えるほど登録者がいても結局出勤できる子はいないのと同じ状態。だから、求人広告出してコツコツいろんな大学の子、できたら看護じゃない子を集めていくことが大事なんですね。〔中略〕人員が足りなくなりそうだなと思ったら、出勤する女の子に「ペアで出勤させるから暇な子紹介して」って聞いたりもしますし。それで暇な子を紹介してもらったら登録した後に勤務させて、給与も会社から振り込みますしね。僕はちゃんと正規の手順を踏んでやってるんです。なのに、彼(前任者)は正規の手続き踏まずに禁じ手をやっちゃいましたからね。求人広告出さずに登録していない子をうちの人材だって派遣したり、嘘の勤務報告書書かせて、給料はポケットマネーとか。〔中略〕この手が会社にバレて退職したのは彼以外にも結構いて、派遣会社の社員のくせに人員集めが下手な仕事のできない奴ばっか

り。［派遣元X社社員Aさん、二〇一二年六月九日］

つまり、派遣元X社に登録するコンパニオンは派遣先Y社の発注人数を大幅にオーバーする五〇名もいるにもかかわらず、彼女たちは同じ看護大学に通う女子大学生であるために、授業などによって欠勤日が重なってしまい、X社は派遣先Y社の発注人数を揃えるのに苦労していたのである。そのため、派遣元社員Aさんは求人広告をほぼ毎週出して、コツコツと違う大学に所属する女子大学生を集めようとしていた。また、求人広告で人が集まらない場合も、出勤できることが確定しているコンパニオンにペアで勤務させることを前提に暇な子を紹介してもらい、正規の手続きを踏んで出勤させ、派遣先Y社の発注人数を揃えていたのである。

派遣元社員Aさんは退職していった前任者たちの業務態度を「仕事さぼって求人出さずに最悪派遣法違反で何とかしようと言うのが甘い」と言い、「求人出せば何とかなる」とも言う。

4　派遣元X社のコンパニオン担当者の仕事②――「誇大広告スレスレの求人」

派遣元社員Aさんは、コンパニオンのシフト提出の集まりが悪い時や大学四年生が卒業し、人手が足りなくなると推測される二月頃に入ると、求人誌『T』にコンパニオンの求人広告を毎週必ず出す。

私は派遣元社員Aさんから「来週、求人広告を出すので見て下さいね。結構良い感じの出来なんですけど、もっとこうした方がいいとかあれば教えて下さい。今回はかなりいい内容なので、今までと違って看護以外の子も集まると思うんですよ。見たら意見聞かせて下さいね」と言われたため、翌週求人誌『T』を見た。それが図1（三六頁）の求人広告である。以下、私が派遣元社員Aさんに会った時の会話である。

Aさん　見てもらえました？　すごい人目を引く広告でしょ？　この売り文句すごくいいって思う。だって風船配りで日給一万二〇〇〇円もらえるって、楽に一気に稼げそうって思いません？　この間無料求人誌を見たんですが、居酒屋とかスーパーのバイトは時給八〇〇円くらいからで、大体週三日の一日四時間勤務になってたんですよ。でも、この仕事は時給換算したら一万二〇〇〇円÷八時間で一五〇〇円で約倍だし、自分の都合で週一でも勤務OK。僕が女の子でこれ見たら、一日楽に風船配りして一万二〇〇〇円なんてメチャクチャ美味しい仕事だって選ぶし、お金が急遽必要な人とか特に飛びつきたくなる求人だと思うんですよね。実際、この広告で結構人集まってるんですよ。これでY社からの発注人数達成できるんじゃないかと期待してます。

筆者　確かに風船配って一万二〇〇〇円貰えたら楽でいい仕事だなって思いますよね。私も見た時、美味しい仕事じゃんって思いましたもん。でも、実際は接客販売で風船もほとんど用意されてなかったり、日給も人によって違うじゃないですか（笑）。この間、一緒に働いた子が日給一万二〇〇〇円って書いてあるのに、八〇〇〇円で嘘だって怒ってましたよ。あと、風船配りだと思ったのに接客じゃんとか、勤務地選べるって選べん（ない）じゃんってブーブー言ってたり。誇大広告みたいな（笑）。

Aさん　まぁ、そうですよね。実際は広告と違うっていうね。でも、どこの会社も求人広告と違う業務も社員にやらせるでしょ？　スーパーのレジ打ちって書いてあっても品出しもしないといけないこともあるじゃないですか？　あれと一緒です。何よりですね、僕ら派遣会社は人を確保しておかないと人材派遣会社にならないんで（苦笑）、まず派遣できる人を集めることが重要なんですね。求人出し始めて、結構看護以外のいろんな大学の子が集まってきてくれてて、いい広告だなと思ってて。第一、この求人で仕事内容とか待遇とか違ってても実際には働き続けてくれてる子はいますしね。それに日給もスキルが上がれば一万二〇〇〇円とかそれ以上になりますから誇大広告ってわけじゃないですよ。

筆者　まぁ、私も内容と違うと思いながら長いこと働いてますし、日給もいいですし……。派遣会社って取引先に必要な人数を集められないと取引中止になって仕事なくなっちゃうんですよね？

Aさん　そうなんですよ。田中さん、本当によくわかってくれてるからありがたいです。

取引中止になったら、みなさんに仕事紹介できなくなるんです。だから、この仕事があるのもこの求人で人が集まってくれてるおかげだと思って、みんな条件とか大目に見てほしいのが本音です。本当にね、あの子たちは派遣会社がどういうものか知らないんですよ。この前、研修で派遣会社がどういう仕組みか話したらポカーンとされちゃって、本当にわかってないって（思った）。だから、僕らがどういう仕事してどれだけ大変なのか理解できないでしょうし、誇大広告スレスレの求人出す意味もわかってないですよねぇ。［筆者と派遣元X社社員Aさん、二〇一二年三月二一日］

こうしてAさんは実際の業務と待遇が異なる「一日楽に風船配りして一万二〇〇〇円なんてメチャクチャ美味しい仕事」といった「誇大広告スレスレ」（私には虚偽広告としか捉えられず、スレスレ＝セーフという意味が全く理解できないのだが……）の求人を出して、派遣先Y社の発注人数を達成していくために人を集めていく。しかし、Aさんによればこの「誇大広告スレスレ」の求人を出すことで、自身の仕事が大変になっていくとも言う。

5 派遣元X社のコンパニオン担当者の仕事③——雇い止めというクレーム処理

派遣元X社社員Aさんは、派遣先Y社からコンパニオン発注をかけられると、派遣先Y社のイベント実施日とコンパニオンが提出した出勤可能日を見ながら、コンパニオンの誰をどこの店舗に出勤させるかといった人員の配置を行なう。その際、派遣元社員Aさんが苦労するのは、派遣先Y社の希望にかなう人員配置をすることであった。派遣元社員Aさんは次のように語る。

先週はイベント当日の朝まで女の子たちに業務依頼の電話しましたよ。〔派遣先〕Y社にコンパニオンの人員配置のメールをしたら、却下されたんですよね。先週出勤できるのが新人ばっかりで、Y社のイベント場所を一応考えながら配置したんですが、ダメって言われて。〔中略〕ベテランがみんなテストとかサークルがあるってことで出勤不可。最悪ですよ。何とかY社の希望にあわせるために、ベテラン全員に電話で出勤してくれないかってお願いの電話を延々としました。最終的に、特別に日給に一五〇〇円上乗せするってことで決まったんですけど、朝五時ですからね。それから、他の子たち全員に詳細メール〔仕事を依頼するメール〕を送って。その間、他の出勤〔可能でシフト提出済み〕の子たちから「いつになったら詳細メールがくるんだ」、「自分は出勤するのかしないのか」って問い合わせがすごくてですね、もうヘトヘトですよ。こっちはY社のこと考えて人員配置しないとどうしようもないから、完成するのを待ってもらうしかなくて。先週の子たちは寝不足で出勤したと思いますよ。［派遣元X社社員Aさん、二〇一二年四月七日］

Aさんがコンパニオンに出勤の依頼をかけるのがイベント当日の朝方、もしくは前日の深夜になるのは慣例となっていた。そのため、Aさんは「先週の子たちは寝不足で出勤したと思いますよ」と言うが、この週に限らずほぼ毎週、コンパニオンは寝不足で勤務している状況にある。また、Aさん自身も慢性的な寝不足の状態であり、次のような出来事があった。

私はAさんからイベント当日の朝方二時に遠方への出勤という仕事の依頼を受けた。Aさんは宿泊先を探したそうなのだが、田舎であるために宿泊先はどこも埋まって、予約ができなかったという。そのため、土日二日とも通いでの出勤となった。また、あまりの遠方なために始発の電車でも出勤時間に間に合わないことから、行きは派遣元社員Aさんが車でコンパニオンを次々と自宅周辺で拾い、店舗まで送るということになった。

筆者　おはようございます。私が一番（乗り）ですか？

Aさん　そうなんですよ。田中さんが一番遠いんで、他の子はこれからなんです。すみません、連絡が今日になってしまって。寝られました？

筆者　いいえ、寝てないです。五時に迎えだから、寝過ごすとマズイと思って（笑）。Aさんはあれから寝られたんですか？

Aさん　いえ。田中さんに一番に電話したんで、後の子たちに電話全部終わったのが三時半過ぎですかね。僕も寝過ごしたらマズイから起きて来ました。人員配置が全然終わらなくて、もうヒヤヒヤですよ。昨日というか一昨日は二時間睡眠だったんで、もう全然寝られてない状況っすよね。

筆者　誰をどこの店舗にするか決めるのって、そんなに大変なんですか？

Aさん　えぇ。Y社に一旦決めて提出してもやり直しさせられることもあるし、出勤可能ってなってた子が急遽出勤不可って連絡してきたりするし、そういうときはバタバタです。宿泊先も取らないといけないとなると、店舗からどこが近いかとか予算内で収まるかとか考えないといけないし、面倒って言ったらあれですけど本当にかなり大変なんです。お願いがあるんですけど、居眠り運転しちゃうかもしれないからずっと話しかけてもらっていいですか？

筆者　いいですけど、事故したら労災おります（笑）？

Aさん　労災は僕はおりますけど、田中さんとかみんなのはおりないですね。手続き上（笑）。

私　私たちは労災おりないんですね（笑）。了解です！　居眠り運転しないように話しましょう！

［筆者と派遣元X社社員Aさん、二〇一二年七月一四日］

そして、Aさんは他の女の子を一人一人ピックアップしながら「すみません。朝に連絡して。寝てていいですからね。僕、今日一睡もしてない状態で運転するんで、車が危ない方向へ行ったらすみません」と言い、他の女の子たちは「うわぁ、大変」、「何かジェットコースターに乗るみたい」とキャーキャーはしゃぎつつ、次第に寝ていった。私は彼女たちに対して「呑気だなぁ」と思っていたら、Aさんが交差点で信号が赤のところを青だと見間違って進んでしまい、挙げ句の果てには中央分離帯にぶつかりそうになっては避けるというハンドルさばきで、寝ていたコンパニオンも目を覚ますほど激しい蛇行運転となった。いずれも早朝で他に車が走っていなかったことから事故に繋がらなかったが、Aさんは「あぁ、まずいですね。目が霞んでます」、「（信号無視したあと）気づかなかった！　通勤ラッシュの時間帯だったら確実に事故でしたね。死んでますよね。いま冷や汗でました。みなさんの命預かってんのに。あぁ、仮眠とりてぇ」とそのたびに呟いていた。派遣元社員Aさんがコンパニオンを送る時にこのような危険な運転をするのはたびたびのことであった。ちなみに、睡眠不足でない時のAさんが運転する車に乗ったところ、交通ルールを守った安全な運転であった。

このようにAさんが派遣先Y社の希望にあわせて寝不足になりながら人員配置したコンパニ

オンであっても、Y社や労働現場となる家電量販店の従業員からAさんにクレームがいくケースがある。クレーム内容は、「接客ができず、売上げに貢献しないコンパニオンは必要ない」、「携帯の販売なのに、機種の知識を教育していないのは問題だ」、「突っ立っているだけの怠業する子を派遣するとは馬鹿にしているのか」、「コンパニオンなのに愛想がないのは問題外」といったもので、場合によっては、特定のコンパニオンを派遣禁止人物として申し入れが行なわれたり、その後の取引を中止することも申し出られたりする。Aさんによると、これらのクレームの発生源は「求人広告の募集要項にある」という。

募集要項には「風船の配布のみの簡単作業」って記載してるけど、実際の業務は接客販売業務でしょう。だから、初勤務の女の子たちは接客とは知らないから具体的な接客方法、セールストークの仕方もわからないじゃないですか。だから、どうしたらいいのかわからなくて突っ立ってるだけになるのもわかるし、売上げに貢献できないのは当たり前。クレームの「接客できない」、「売上げに貢献できない」、「機種の知識がない」、「突っ立ってるだけで怠業してる」っていうのは、うちの責任です。じゃあ、何でそんな業務内容の違う広告を出しているのかというと、昔、接客販売業務って書いたことあるんですね。そしたら、応募者が集まらなくて、派遣先に必要な人員数を揃えられなかったことが続いて、派遣先がよその派遣会社に乗り換えたんです。すると、うちは大損失で問題に

なった。それで、うちの本社が人数が集まるように、「風船の配布のみの簡単作業」、「日給一万二〇〇〇円」って、楽に高額稼げるイメージで求人広告のフォーマットを作成して、全国の支社が統一で使用する求人広告に設定したんです。とにかく、派遣先に人を派遣しないと、派遣会社は利益上がらないですから、人を集めるのが第一です。実際にこれで人が集まるようになって、派遣先に人数面で穴をあけるのは格段に減りました。でも、この求人広告は言ってしまえば誇大広告。〔派遣元X社社員Aさん、二〇一二年四月七日〕

このようにAさんは、当初女の子に広告と異なる仕事を行なわせることに戸惑ったように語りながら、「どこの支店も同じようにやっているから開き直りました」、「風船配りで日給一万二〇〇〇円って、すごくいい売り文句」と言っている。

本当（僕は）最初はちゃんと接客販売で料金プランと機種のこと教えて、教育頑張ってました。でも、あれこれ教えちゃうと女の子たちが尻込みしちゃって、肝心な人材不足が起きるっていう悪循環が起きちゃうから、もう教え込むなんてできない。だから、クレームのもとが僕の教育不足だと言われたら、上の人間にその女の子個人の勉強不足で起きたクレームで、とにかく自分の責任ではない原因をその子から見つけ出して報告書を書きます。あと、クレーム防止のために、クレーム頻度の低い子から業務依頼をかけていったり、

Y社には信用を取り戻して取引を維持するために、「クレームを起こした子は今後使いません」とこちらから申し出て対処していきますね。もうね、日雇い派遣なんて所詮使い捨てで、この求人広告出せば人集まりますから。〔派遣元X社社員Aさん、二〇一二年四月七日〕

このように、Aさんは誇大広告のもとでコンパニオン教育をしていくことに限界を感じた結果、Y社や家電量販店の社員らの意向に添う＝スキルのあるコンパニオンを配置する一方で、意向に沿わない＝Y社や店舗社員らに評価されないコンパニオンを選別して切り捨てる仕事を担っているのである。さらに、コンパニオンがAさんへ申し出る「派遣先や家電量販店の社員に関するクレーム」を問題化せずに、彼女たちをなだめるクッション的な役割もAさんは担っている。

うちが利益出せるのは取引先あってのことです。人材を派遣してなんぼな業界なので、取引先にセクハラを止めて欲しいと言って、取引中止を申し出られて損失が出ると困るんですよ。実際に、セクハラを取引先に止めるように申し出たら、取引先に「訴え出るのか」と取引中止になった経験があります。派遣業界では当たり前の話です。だから、派遣先にセクハラを止めて欲しいとは言えません。〔中略〕だから、こちらは、「セクハラをどうにかしろ」って言う女の子に「可愛いからだよ」とか「魅力があるからだ」ってもちあげて、なだめて、我慢してもらう。我慢というより納得してもらうに近いかな。でも、それでもセクハラだって騒ぐ子は、日雇いなので使い捨て。切りますね。〔中略〕

僕はこの仕事就くまで三回転職して、やっとこの仕事に就けたんですよね。一番長く続けられてる。だからしんどくても我慢するしかない。家族いますからね、子どもが大きくなるまでは何とかここで我慢というか頑張らないと。だから仕事でトラブった時は八つ当たりみたいなところもあって、使えないコンパニオンはすぐさま切って雇い止め。言っちゃあ悪いけど、クレーム起こした子たちを雇い止めするとき、スッキリすることあるんですよ。〔派遣元X社社員Aさん、二〇一二年四月七日〕

このようにAさんは、X社に入社するまで三回転職したが、そのなかでX社での勤務が一番長く続いており、家族を養うために何とかX社で働き続けたいと述べている。またAさんは、仕事が終わらずに泊まり込んで残業をすることで肉体的にも精神的にも疲弊し、うつっぽくなっているという。しかし、社内には「この仕事に就いたら眠れない」という暗黙の了解があり、何とかクレーム処理に対応せねばならないという。そしてAさんは、自身の心身の不調や降格されるかもしれない、生活が成り立たなくなるかもしれないといった不安や苦痛を、「学生で日雇い」といった不安定な雇用状況にある下位労働者のコンパニオンに雇い止めというかたちでぶつけていく。その際、Aさんのなかでは、コンパニオンはもともと雇用が不安定な労

働者で、みんな若いのだからよそでまた仕事を探せばいいが、自分は三回転職し、ようやく続けられる仕事を見つけ、生計を立てなければならない世帯主である。それゆえに、正規労働者として現状の雇用形態を維持しなければならない、生計を立てる必要性があるのはコンパニオンではなく自分自身だという論理が働いているのである。

6 派遣先Y社社員の仕事①――販売ノルマと「自爆」

派遣先Y社は携帯電話会社の一次代理店で、携帯電話会社から直接販売委託を受け、機種の仕入れ・卸から販売まで行なう企業である。Y社は、携帯電話会社からの要請や取引先の家電量販店各店舗の売上げ状況から、集客の見込める土日祝日にどこの店舗でイベントを行なうかを月ごとに決定する。そのため、コンパニオンの勤務地は、彼女たちの希望する勤務地ではなく、Y社の設定したイベント勤務地を基本とした派遣元X社のAさんのコンパニオンの割り振りによって決定される。そして、イベントが各店舗の売上げ台数を伸ばすことを目的としていることから、コンパニオンにも接客が要請されることとなる。

Y社社員は、Y社の上層部によって地域ごとにエリア担当者（携帯電話業界ではラウンダーともいう）として割り振られる。エリア担当者としての職務は、主として担当する店舗でイベントを実施すること、携帯電話会社とY社の上層部が設定した売上げ目標販売台数を達成し、イベント実施後や毎月の締め日に売上げ実績報告書を作成すること、各店舗が日ごとの売上げ状況によって設定する売上げ高を達成するように、販売スタッフに指揮命令を出すことであった。

イベント、ここでやるより他でやった方が売上げ出るのに、上（携帯電話会社）と上司が設定したから本当に参ったな。今日の売上げ目標台数二〇台じゃん。だけど、店舗に客いないから二〇は無理。大体、目標台数のノルマって達成難しい数字でどこの会社も設定していくんだけどさ、今回はひどすぎ。自爆決定。金はとぶけど、上とか上司に呼び出しくらって怒られるよりマシだしね。下手すりゃ、エリア変更させられて、売れないエリア担当させられる可能性すらあるし。部署が変わるわけじゃないから左遷じゃないけど、実際には左遷みたいなもん。自爆の数がマジで増えるから。［派遣先Y社社員Bさん、二〇一二年五月五日］

今月は繁忙期なのに売上げヤバイわ。イベントで巻き返せるかなと思ったけど無理。自爆しないと自分のエリアが売上げ最下位。俺、何台自爆し続けてるんだよ。さっき同僚に電話したら、あいつも今日は自爆って言ってたしなぁ。携帯業界って自爆が当たり前でさ、最初は嫌だなって思うけど、みんなやってるし、もう自爆は当たり前で感覚麻痺して

るよね。ノルマ達成の自爆に慣れっこにならなきゃ、この仕事は続けられないんよ。感覚麻痺って言っても、家に帰ればいらない携帯は山ほどあるし、手元の使える金は減るし、仕事離れたら超ストレスなんだけどさ。〔派遣先Y社社員Cさん、二〇一二年三月二四日〕

このY社社員たちの「自爆」方法は、携帯電話会社が用意している一契約者につき複数台契約することのできる家族向けサービスの契約をすることで、売上げ目標台数の未達分の台数を購入して契約更新をしていくことである。また、彼らはY社や「上」の携帯電話会社だけでなく、商材の携帯電話を卸す家電量販店Zからも「自爆」を要請される。

基本的にZは人使い荒い会社で、俺たち販売応援を大事にしないから。自分らが家電売らないから店舗の売上げ悪いのに、閉店時間前くらいに今日の売上げ高が足りないから助けてくれっつって、携帯電話売ってくれって言いやがる。どこもそうだけど、家電商品高いし、そうそう買い替えないじゃん。冷蔵庫とかテレビとかさ。量販店で一番買い替え頻度高い商材って、携帯なんだよ。〔中略〕だから、Zは、他の家電売れなくて売上げ足りないってなったら、とにかく客を捕まえて携帯買わせて、売上げの足しにしようって考えてるわけね。だけど、あいつら言ってくる時間は大抵客が引いてる時間だから、客には売れないってわかってるんだわ。つまり、俺らが残業で接客しても無理だから、俺らに自爆し

―て売上げに貢献しろってことなんだよ。［派遣先Y社社員Cさん、二〇一二年六月九日］

このようにY社の社員たちは、家電量販店Zに対する不満や憤りをコンパニオンへ打ち明けつつ、コンパニオンが自分と同じ劣悪な労働状況や不運な境遇にいることを共有させようとしていく。そして、自分と一緒にコンパニオンへサービス残業をするように促したり、時には、コンパニオンに「自爆するしかない」と思わせていく。

今日、何台売りました？　あんまり売ってないじゃないですか。こうなったら、自爆いきましょう。コンパニオンも接客販売員の一員なんですから。X社が求人にどう書いているか知らないけど、コンパニオンも販売員の自覚もってもらわないと。日給制だから残業つかないけど、ノルマ達成するまで残業するか、自爆して早く帰るかのどっちにします？　二つに一つですよ。もう客は引いてるので、自爆して早く帰った方がいいんじゃないです？　これが嫌なら、X社に使えないコンパニオンよこしたって、クレームいれて雇い止めしてもいいですし。そもそも、接客下手な自分が悪いんですからね。僕らだって、毎回イベント不発の責任とって自爆して、もう給料ほとんどなかったりするんで。接客下手な他のコンパニオンらも未達分の自爆やってるんで、自爆してくださいね。［派遣先Y社社員Eさん、二〇一二年三月四日］

今日の自爆、頼めないかな？　本当は五台自爆だけど、○○の機種、一台でいいから。○○、人気ない機種なのに上がそれを売れって在庫いっぱいまわしてきたんだよ。だから、自爆するなら○○にして。それから金額は機種代の販売利益を減らす分、安くする。もう、俺先週自爆一〇台したから、三カ月あけないと契約更新できないルールになってんだよ。今回のイベント、店長も上も上司も査定基準に入れてるから、ちょっと自爆やってもらわないと下手したら契約社員になりそうで。本当にお願い。［派遣先Y社社員Cさん、二〇一二年一一月二五日］

7　派遣先Y社社員の仕事②――「息抜きみたいな」セクハラ

このようにコンパニオンをも巻き込んで「自爆」を進めて売上げ目標台数を達成しようとする派遣先Y社社員であるが、彼らは仕事上の不満を私的に抱えている問題に絡めてコンパニオンに語り、彼女たちを性的話題へと巻き込んでいこうとすることも多い。こうした場面では、彼らは、しばしば同じ劣悪な労働現場を共有しているコンパニオンに対して、自らの劣悪な境遇や苦悩を語ることで、彼女たちの同情を引こうと必死に試みる。

監視カメラついてて店長とか監視してるから、普通の表情でいて下さいね。最近、彼女とうまくいってなくて、一緒に寝てくれないんですよ。仕事のストレスにプライベートもうまくいかないって最悪ですよ。一人で寝るの寂しいから、今度一緒に枕を交わしません？　って、冗談ですよ。売れ売れ言われてストレス溜まると、何か冗談言っとかないと気がもたないでしょ（笑）。〔派遣先Y社社員Cさん、二〇一二年三月二四日〕

お客少ないね。突っ立ってるだけじゃ、監視カメラで仕事してないって思われるから業務連絡の体で話しましょう。仕事してないと思われたら、裏に呼び出されて怒鳴られるんですよ。最悪、出入り禁止。監視カメラなんかもぎとりたいわぁ。ってことで、世間話ね。どんな人がタイプです？　僕は巨乳がダメなんですよ。おっぱいのちっちゃい子がいい。何カップですか？〔派遣先Y社社員Hさん、二〇一二年一二月二四日〕

彼らの語りに出てくる監視カメラおよび監視とは、家電量販店Zの防犯カメラによる監視を指す。家電量販店Zは、各店舗に設置している防犯カメラを使って店舗にいる全従業員の労働状況を把握するとともに、怠業しないようにモニターで監視している。仮に怠業しているとみなされてしまうと、Hさんの言うように店長などから「裏で怒鳴られ」、「出入り禁止」になってしまう。そして、それを告げられたコンパニオンは自分も監視されていることに気づき、怠業していると怒られやしないかという恐怖心を抱いて勤務するようになる。すると、彼らと彼女たちの間では監視カメラで勤務態度を監視されているという緊張感が生まれ、また、いつ出入り禁止になるかもわからないといった不安感を抱いていく。互いに監視から逃れたいと思うようになって「監視されて働いてないって怒られるなら、エロイ話を業務連絡って感じで働いているフリする方がマシ」と言うコンパニオンもいる。

Cさん　セクハラってこと（笑）？　ごめんごめん。いや、僕らセクハラ目的で言ってんじゃないのよ。田中さんは二〇代後半だけど、他の女の子は全員一九（歳）とか二〇代前半でしょ？　僕たち三〇半ばとか後半だから年離れすぎてて、何話したらいいのかわかんないっていうジェネレーションギャップで結局性的な話になるんですよね。共通の話題は、まぁ携帯？　でも携帯だと業務の話になっちゃうから話が尽きるし、面白くない（苦笑）。第一、女の子たちから「結婚してるんですか?」、「彼女いるんですか?」って聞かれることが多くて、その流れで「彼氏いるの?」、「どんな人が好み?」ってなって、話題がなくなってくとドンドン下品な話になるかなぁ。このパターン、メッチャ多いですよ。

筆者　年（が）離れすぎてると共通の話題が見つかりにくいですよね。私も一〇歳年下の子と勤務すると何話せばいいのかわかんなくなる時ありますよ。

Cさん　でしょ？　そうすると恋愛とか結婚しか共通の話がなくてさ、どこでデートしてるのか、誕生日プレゼント何貰ったら嬉しいかとか、そういった話になるでしょ？

筆者　あぁ……「彼氏いますか？」、「結婚しないんですか？」とか「デートする時どこ行きたいですか？」って聞かれます。あとは恋愛相談とか。

Cさん　でしょ⁉　売り場で業務連絡以外の話はしたらダメですけど（笑）、集客のない店舗で仕事するって限界あるじゃないですか。接客販売が業務なのに人がいないんだから接客しようがない。ただ突っ立ってたら店長に怒られる。女の子が突っ立ってても僕らの指示が悪いって怒られる。だったら、業務連絡してるフリの世間話が一番よくないですか？仕事してる感じで世間話して、実は息抜きみたいな。

［筆者と派遣先Y社社員Cさん、二〇一二年三月二四日］

このようにCさんは、怠業していることがバレないように世間話をし、コンパニオンとは年齢差があるため共通の話題が恋愛や結婚しかなく、最終的に性的発言に行き着いてしまう、と言う。また、コンパニオンからY社社員の男性正社員に恋愛や結婚について相談したり、話しかけている場面は多々見かけられた。コンパニオン自身が派遣先Y社社員に「彼女いるんですか？」などと恋愛の話をもちかけるのは、派遣元社員Aさんが派遣先Y社社員と仲良くなれと研修で話しているからである。つまり、コンパニオンは彼らに気があって「彼女いるんです

か?」と話しかけているのではない。「社交辞令で聞きますねぇ。年離れすぎてると何話したらいいかわからないから」と他のコンパニオンが話すように、仕事の一部として話しているのだ。「セクハラして下さい」とか「性的話題は受け入れます」という意味ではない。しかし、彼らはコンパニオンが恋愛の話を振ると、次々とコンパニオンにどんな男性が好みか聞き続ける。それは端から見るとセクハラのように見えるが、彼らからすると「ただ突っ立ってるだけより話してる方が時間が経つ」、「業務連絡をしてるフリの世間話だから怠業だと思われない」、「頭脳プレー」ということで「逆に女の子たちを助けてあげてる」と言う。

さて、Y社の社員が抱える問題は、上述の彼らの語りからわかるように主として売上げ目標台数をどのように達成するかである。売上げ目標台数を達成できない場合、次なる問題が待ち構える。それはうつ病罹患であったり、自主退職といった問題であった。彼らは次のように語る。

△って、知ってるよね? あいつ、うつになってさ、いま契約社員になってるんだよ。だけど、あのままいくと、自主退職は間違いないわ。要するに、使い捨てられるわけ。うちんとこ、ノルマがすべてなところあるから、売れないと「上（携帯電話会社）」と上司と店舗からボロカス言われるし、俺ら全員、ライバルだから助けてやることもできない。自爆しないとやっていけないから、自分の自爆できる家族の複数契約の数、残しとかないと

いけないわけよ。余裕あれば、あいつのところで自爆してやれるんだけど、そんな余裕なくてね。他にもうつの奴いるけど、見てるとしんどそうですごい気が滅入る。〔中略〕ストレス爆発しそうな時なんか、俺もうつになるんかって思う。定年までこの仕事、続けられるんかなぁ……。だから、仕事中に女の子と会話してストレス発散するんだよね。女の子と話してると、癒やされて、元気出るからさ。〔派遣先Y社社員Cさん、二〇一三年一月二七日〕

うちは、うつの復職プログラムないらしいんだよ。何人かエリア担当かわったじゃん。あれ、うつとかストレスで退職した奴らの代わりに入ってきた奴なんだよね。うち、自主退職で入れ替わり激しいから。毎日毎日ノルマに自爆にサービス残業って、本当ストレス溜まる。一生これかよみたいな。俺たち、仲良さそうに見えるじゃん？　でも、裏じゃ悪口言い放題（苦笑）。コンパニオンさんたち、何人かにセクハラされてるでしょ？　あいつら、うちの会社のなかに仲のいいのが少ない奴らだったり、根っからの女好きな奴ら。そんで、仲いいのがいないと仕事のストレス発散の場所ないし、女好きの奴らは自爆でキャバクラ行けないからさ、そういうストレスをコンパニオンにぶつけるわけね。自分より下の人間だから何言ってもいいって思ってんのよ。セクハラ訴えられたら、X社に雇い止めしろって言えば、X社もうちが仕事あげてるわけだから雇い止めするのはわかりきったことだから問題ない。〔派遣先Y社社員Hさん、二〇一二年六月一六日〕

彼らの話では、Hさんは「うちは、うつの復職プログラムないらしい」と言うのだが、Y社ではうつの復職プログラムがあることが周知されていないので、Hさんのようにそれを知らない社員は少なくない。また彼らの話では、実際には機能していないという。彼らの話からは、彼らは過剰なノルマ、「自爆」、サービス残業を、彼ら自身の接客販売能力の問題として考えていることもうかがえる。そうして彼らは、自身の管理下にあるとともに性的にも男性より下位にあると見なしている若い女性のコンパニオンに対してセクハラをしてストレスを発散させていくということであった。

コンパニオンは日雇い派遣労働者であり、Y社のコンパニオン発注によって仕事を得ている立場にあるため、彼らに文句の言えない立場であることもあって、ストレス発散の相手としてセクハラが横行していくのである。Hさんの話によれば、性的話題を振ってセクハラをしていく男性社員は、「自爆」のためにキャバクラに行くお金がなく、女の子と話す機会はイベントでしかないということになる。そのため、彼らにとってイベントとは、ただで若い女の子と話せる「疑似キャバクラ」と化した精神状態を維持する装置となっているといえる。

8 派遣先Y社社員の仕事③——「ブラック以外の会社ってあんの？」

私は派遣先Y社社員と休憩が一緒になった際に、「自爆」が違法であることやY社の三六協定★3がどのようになっているか知っているかと訊ねたことがある。しかし、上述した彼ら全員は「自爆」が違法であることや三六協定自体を知らなかった。また、私が特別条項付三六協定★4の五点（①予算・決算業務、②ボーナス商戦に伴う業務の繁忙、③納期のひっ迫、④大規模なクレームへの対応、⑤機械のトラブルへの対応）を話したところ、Y社社員のQさん、Rさん、Sさんは口を揃えて言った。

Qさん　俺らの仕事って、これ全部当てはまる気がする。毎日ノルマで予算達成しないといけないし、ボーナス商戦は絶対休めない仕事だし、納期がどうかわかんないけど在庫ないと車で夜中、在庫ある店舗まで五時間とか普通にとばして取りに行くし、法人でクレームきたらそれもやんないとダメだしねぇ。機械のトラブルって、スマホで初期不良の機種でヤバイのあるから、その対応大変だし。ひどいときなんか、客の家まで手土産もって頭さげに行った。自爆はね、もう販売だったらどこの会社でも当たり前にやってることだから、あんまり問題とかって思わないよ。嫌だなとは思うけど、それ拒否してたら販売関連の仕事全部できなくなる。

Rさん　詳しくわかんないけど、俺も全部当てはまると思うよ。これ当てはまったら会社は（社員を）残業させ続けられるってことなんだよね？　俺ら、ブラック（企業）のところにきてんのかな。自爆はもう別にって感じよね。むしろやってない会社の方が少なくない？

Sさん　って（そもそも）、ブラック以外の会社ってあんの？　俺の友達んとこ、ここ（Y社）よりひどくてさ、毎年自殺者でてるって言ってたよ。それ聞けば、俺らんとこはまだマシだって。しんどいけど、それなりに何とかやれてるし、次の仕事一から覚えるのめんどいじゃん。生きてるだけ、幸せさぁ（笑）

Qさん　まぁ、そうよなぁ。ここよりひどいとこはもう勘弁だし。うつになってる社員、まだ少ないしね。マシっちゃマシ。ひどいとこなんていくらでもあるんだもんなぁ。俺ら、よう頑張ってんじゃゃね？

Sさん　そうそう。俺ら頑張ってる。自分で自分を褒めてあげたい（笑）。

［筆者と派遣先Y社社員Qさん、Rさん、Sさん、二〇一二年五月五日］

こうして、彼らは自殺が多発している他社の正規労働者の労働環境と比較して、自分たちの労働環境はまだマシだと、労働問題であるにもかかわらず告発など全く考えず、むしろY社で働き続けられていること、そして自殺せずに生きていることを幸せと語り、頑張っている自分を褒めてあげたくなり、結果、引き続きY社で働き続けていこうと互いに鼓舞しあっていたの

である。

9　家電量販店Z社員の仕事①――監視される労働

家電量販店Zにいる労働者は、Zが雇用主となる正社員のみならず、契約社員やアルバイト、派遣会社から派遣された派遣社員、家電メーカーの応援販売員など様々である。これらの労働者には、家電量販店の商材である家電製品の販売や、クレジットカードの勧誘、在庫管理、配達、顧客の購入した家電製品の修理など様々な仕事が割り振られる。これらの職務には、それぞれ統括責任者がついており、炊飯器や洗濯機、冷蔵庫、エアコンといった「白物」家電責任者、テレビ、AV機器、PCなどの「黒物」家電責任者、携帯電話コーナー責任者、インターネット契約責任者、クレジットカード加入販促責任者など多岐に渡る。また、店舗全体を統括して指揮命令を出す店舗運営の全責任を負う店長はもちろんのこと、店舗の一階、二階などのフロアを統括して指揮命令を出すフロア責任者も存在する。そのため、店舗の全労働者は、自分の職務の担当責任者のみならず、店長やフロア責任者、自分の担当と関連する他の担当者の指揮命令も同時に受けながら勤務することになるため、常に誰の指揮命令を優先すべきかを判断しながら労働することとなっている。

家電量販店Zでは、先に示したように万引きや盗撮など犯罪への対処のためだけでなく、従業員がどこで何をしているかを把握するための防犯カメラが設置されている。また、Zは無線イヤホンマイクを自社の正社員や派遣社員、アルバイトに支給していたり、家電メーカーによってはメーカーが独自に用意した無線（GPS機能付き）を自社の社員に支給したりしている。この無線イヤホンマイクは、店長やフロア責任者、各家電担当責任者などの命令が小型マイクを通じてイヤホンに届く仕組みになっており、無線をもっている全員が発信・受信できるものである。そのため、各責任者にとっては業務連絡や指揮命令を下す際に、わざわざその社員がいる売り場に出向かなくてもよく、在庫をすぐさま確認したいという時に倉庫にいる者とすぐに連絡がつくなどの利便性がある。けれども他方で、客をマークしたにもかかわらず、アタック（声かけや接客）しても売れずノルマを達成できない者には、各責任者が無線を通じて、ノルマを達成契約に至らないのかと罵声や叱責が飛び交う。それを聞いた他の労働者へ、ノルマを達成させさせるためにプレッシャーをかける「見せしめ」としても、この無線は使われているのである。

私が昼休憩をとりに休憩所に行ったところ、Z社員三名（Iさん、Jさん、Kさん）と一緒になった。私はその日、来店客から「〇〇のパソコンを買いに来たんだけど、どなたか社員の方いない？　在庫があるのか知りたいから社員の方探してるのに、みなさん接客中なのよね」と言われた。その時ちょうど私の近くで接客が終わった社員がいたため、その客の引き継ぎを頼んだ。それがIさんである。私が休憩所へ入ると、Iさんが「先程はありがとうございました。

実績になって本当に助かりました」と言ったので、「いえいえ。みなさん、無線つかって連携で接客するようにされてるんですよね？　さっきみたいなお客さんいたら、無線があると便利そう」と話すと、次のように言った。

なかなかアタックしてもノルマ達成できなくて、無線の怒声から突発性難聴にかかっちゃったんですよ。怒声がストレスになったみたいで。他にも（突発性難聴にかかった正社員が）何人かいて、みんな無線はしんどいって。ノルマ達成できてたら、休憩中とか無線外せるんですけど、ノルマ足りてないからずっとイヤホンつけたままで耳自体が痛い。このまま仕事やっていけるのか不安だけど、今更転職するのも大変だし、我慢し続けるしかないよなって。耳とかストレスとか接客下手な自分の責任なんですよね。［家電量販店Z社員Iさん、二〇一一年二月一一日］

Iさんがそう話し、休憩所から売り場へ戻った後、Jさんが私に次のように言った。

あいつは、ノルマ達成できてないから無線外せなくて当たり前。突発性難聴って言ったって、あいつが売るの下手なんだから罵声浴びせられても自業自得。［家電量販店Z社員Jさん、二〇一一年二月一一日］

するとそれを聞いていたKさんが次のように言う。

でも、店長の「死ね死ね」ってひどすぎじゃない？　さすがにあれは精神的にもたんわ。いつもじゃん、あの人。よく仕事続けられるよ。毎日「死ね」、「使えん」って聞いてたら、いつ自分があの立場になるかと思ってヒヤヒヤする。もう必死で売るしかないし。突発性難聴とか罵声とか怖いもん。この業界は結果出すしかないんだよね。［家電量販店Z社員Kさん、二〇一一年二月一一日］

10　家電量販店Z社員の仕事②――パワハラとセクハラ

また無線以外の方法でも見せしめのイジメはおきていた。無線以外で行なわれるイジメは休憩室で行なわれることが多い。家電量販店Zの休憩室は、店長や役職に就いた社員の机がある部屋となっており、常に役職に就いた社員のもとで休憩をとることになる。そのため、Z社員はもとより、応援販売員となる家電メーカー社員らは「監視されて休憩するのって、全然休憩した気にならない。店長とか仕事してたら邪魔にならないように無言でいないとダメ。何か粗相しないかって緊張する。休憩でストレスってどうなんよ？」、「自分の担当家電が売れてなかった時に休憩室に店長いたらさ、腹減っててても店長いないときに昼飯食おうってなる。文句言われたくないし、気まずいし。好きな時に飯食いてぇ」などと、休憩すらもストレスに感じていた。

店長　おい！（休憩で居眠りしていたZ社員Tさんが座っていたパイプ椅子を蹴飛ばす）
Z社員Tさん　すみません！
店長　お前、寝とる余裕あるんか？　あの表見てみろ。お前、（契約数）ドベ（最下位）だぞ。休んでええんか？　余裕あるんか？
Z社員Tさん　すみません。
店長　○○みたいによく売る奴は休憩してもええ。何してもええ。でも、ドベのお前が休憩したらみんなの士気が下がるんじゃ！　やる気がうせるんじゃ！　売った奴には休む権利がある。お前にその権利はあるんか？
Z社員Tさん　すみません。ありません。
店長　そしたら、これからどうするんか？
Z社員Tさん　売り場行きます。行ってきます。申し訳ありませんでした！
店長　はぁ？　行くんは当たり前じゃ！　「売ってきます」だろうが！　だからお前はダ

メなんよ。

［家電量販店Z店長と社員Tさん、二〇一一年四月一六日］

また、休憩室以外で休憩をとろうとするなら、店舗の外にある喫煙所に行かねばならない。家電量販店Zの各店舗では、喫煙所を外に設置してあることが多く、夏は炎天下、冬は雪や風などで寒く、労働者にとって長居はできない場所になっていた。ただし、店長などの役職者が喫煙者でなかったり、喫煙者であっても接客中であれば、喫煙所は店長などの監視下から逃れられる場所となる。そのため、イジメの対象となった社員や喫煙者である社員の多くは、店長などの役職者の動向を見てから、店長や店舗の客層、自社の企業風土などの鬱憤を吐き出すために喫煙所で休憩していた。

ノルマが達成できなくて、休憩室でご飯食べられなくて外で食べてるんです。お見苦しいところ見せてすみません。いつものことなんです。昼休憩ないのもそうで、ひどいときは身体がもたないからトイレで食べるんですよ。他にも新入社員の子とかノルマ未達でトイレで食べたり、倉庫で隠れて食べたりしてて。今日は外でご飯食べられて良い日なんで安心して下さい。［家電量販店Z社員Mさん、二〇一二年五月五日］

私がZ以外の店舗でコンパニオンとして勤務していたところ、テレビコーナーの社員がいなかったために、テレビの接客を行なった。そして大型テレビの契約が決まった時、新人社員から月間のノルマの売上高が未達となりそうで、その当日が月末の売上げ集計日であるために自分の契約にさせて欲しいと頼まれ、そのまま譲ったことがある。すると、彼は先輩社員に裏に呼び出され、「お前がコンパニオンに大型の契約譲ってもらったのか。俺にまわせよ。何考えてんだ、バカ野郎。このクズが、死ね」と言って、煙草の吸い殻を新入社員に投げつけた挙げ句、水の入った灰皿用バケツを蹴り上げた。新入社員は、その水をまともに浴びたために制服が真っ黒になってしまった。先輩社員は「ざまあみろ。お前がここ片付けろよ」と言い、新入社員はその片付けと制服が煙草の臭いと真っ黒に汚れてしまったので、その後売り場に出ることができず、売上げは最下位であった。

Zの休憩室や他の家電量販店の休憩室には、パワハラや労災、ストレスに関する内部相談窓口のポスターが貼られているが、私が勤務するなかで聞いたところによると、いずれも社員の間では誰一人として相談していないという。内部相談窓口が外部にパワハラなどの問題を漏らさないために設置したものであるがゆえに、パワハラを行なった者に対する罰則規定がないことと、注意がなされるのみで状況の改善が何もなされず、内部通報の結果からかえってよりひどいパワハラが行なわれることが自明のこととなっていたからだ。そのため、店舗やメーカー社員の中には、上司によるパワハラから自らを守るために、自衛手段を試みている者も多い。

大手家電メーカー社員Sさん　イジメにあわないためには他メーカー社員とか上（家電量販店Z）の人間と仲良くなること。会社ってノルマを基本的に達成厳しい数字に設定するわけで、店舗からしてもノルマ、売上げが低いと「何のためにいるんだ、邪魔だ」って出禁（出入り禁止）になったりする。そうなると、会社から怒られたり始末書書かなきゃいけないから、休憩中にメーカーの人たちと何でもいいから雑談してコミュニケーションとるわけ。それで、親しい関係になれば、ノルマきつい時に、仲のいい（家電メーカー）社員に言って、自分のメーカー商品欲しいっていう客をまわしてもらったり、決まった契約を譲ってもらったりとかできる。そのかわり、自分も他の人たち助けとかないといざって時に助けてもらえないから、他社メーカーのこともザッと勉強して、そのメーカー商品欲しい客が来たら助けてくれた人にまわす。そういうギブアンドテイクの関係を築いておかないと、この業界生き残れないから。

Z社員Nさん　そうそう。本当にこの業界は、いろんな人と仲良くなっとかないとやってけないよね。イジメ対策よ。ノルマ未達でイジメにあうって悲惨じゃん。会社は助けてくれないし、自分で身を守らんと。

［大手家電メーカー社員Sさんと家電量販店Z社員Nさん、二〇一一年三月二〇日］

また、売上げ目標を達成しなければイジメの対象になるため、困った時に他の売上げ目標を達成した社員に助けてもらえるよう、あらかじめ「もしデカイ買い物しようって客がいたら、こっちにまわしてもらえませんか?」と「予約」をし、実際に客をまわしたもらった場合には次の機会に購入を決めた客を「お返し」にまわしていくこともある。

さらには、客に購入を決めさせる際には、「この客に何と言えば購入を決定するのか」、「どう話をもっていけば販売契約に繋がるか」を接客中の会話のなかで読み取っていかなければならない。

たとえば、「今日は先着順で特別に二万円引きで出してるんですよ。よその店舗ではこんな値引きはやってないんで、購入を検討されてたら今日が買いですよ! もし二万円引きじゃ……と思われてたら、特別に三万引きます。お客さんだけですから、内緒ですよ」と言って押すか、「いまお使いのメーカーはどこです? あぁ、それだったらモーターがすぐいかれたでしょ? あれは部品が弱いんですよ。うちのだったら、同じ力で音も静かですし、値段も変わりません。メーカーにこだわる方もいらっしゃいますけど、作ってる工場は同じですからね。工場同じで、壊れにくいのはうちの商品なんで、よかったら今後の参考にしてください。うちのは本当にいいんでね。使ってもらったらすぐわかるんですけど、大型家電になると悩みますよね。悩んで下さい。わからないことあれば、何でもお答えします。嘘は言いませんよ」と他社との比較と信用で押すか、それとも世間話で盛り上がったノリで買わせるか……。

このような接客トークで客と駆け引きをしていき、結果として購入させることができた時に初めて彼らの接客スキル、すなわち「コミュニケーション能力」がものを言ったことになるのである。また、イジメに関しても同様で、店長が自分に何を求めているのかを読み取り、行動し、結果としてイジメの対象とならなかった場合に初めて「コミュニケーション能力」があるといえるのである。つまり、コンパニオンと同様に、彼らも事後的にしか接客スキル、コミュニケーション能力があるか否かはわかれないのだ。

そして、結果を出せる「できる奴」がいるために、販売成果が出せない＝接客スキルやコミュニケーション能力がない労働者は次のように言う。

僕が悪いんです。話すのが下手だから。もともと僕は引きこもりだったんです。他の会社全部落ちたけど、ここは受かった。だから、ここで頑張るしかないなって。親も頑張れって言いますし。できる人を見てると、僕は喋るのがダメなんだから仕方ない、イジメられても仕方ないって。できてる人がいるんだから、できないことはないわけで。僕はできない。それだけなんです。僕が悪いんです。［家電量販店Z社員Uさん、二〇一一年三月二〇日］

こうして一見過剰なノルマのように見えて、仕事のできる＝契約が獲れる労働者がいることで、契約が獲れずノルマが達成できない労働者は自分の接客に難があると思い、自分を責める。そして、何とか接客トークを身につけようと努力する。企業の過剰なノルマが悪いという内容の発言は、家電量販店Zで働く多くの労働者からは一応聞くことはできても、最終的には必ず「でもすごい売る人は売るから、自分が悪い」という結論に至っていた。ただ例外として、定年近くになった家電メーカー社員が「今はノルマが厳しい、どこもかしこもノルマノルマ」、「そんなん会社がいけん」、「わしはあと二年の辛抱で定年やけど、あれが続いたらみんな身も心ももたんよ」と語っていたことをなぜか今でも覚えている。

彼らの休憩中の話には、「ノルマ」、「うつ病」、「過労」、「サービス残業」、「メンタルヘルス」、「自殺」、「ストレス」といったキーワードが散りばめられており、企業側が掲げているメンタルヘルス対策は建前にすぎず、上述したパワハラの内部通報制度も実質的に機能していないようである。少なくとも、彼らにはパワハラなどを告発したり訴え出るような意識は全くない。なぜなら、先の話で見たように、自分がイジメにあう＝パワハラにあうのは、接客トークができないからという自身の能力不足の問題として捉えているからである。また、家電量販店Zを労働現場とする男性正社員たちは、店長や上司から受けるパワハラのストレスを、後腐れの無い他社の日雇い派遣イベントコンパニオンにセクハラをすることで発散していた。

ストレス発散って、もう女の子に向かうしかないよね。正社員の女は会社とかにセクハラ相談窓口あるからそこに言われちゃうと問題なるじゃん。でも、コンパニオンって常

勤じゃないし、セクハラ窓口とかあるのか知らないけど、他の社員とかが「セクハラって言ったら出禁にしちゃえよ」って言っててさ、何やっても言ってもいいみたいに思われてるよ。ぶっちゃけ、俺もその一人なんだ（苦笑）。〔中略〕コンパニオンさん見たら、何か癒やされるっていうかさ。何言っても笑顔で返してくれるじゃん。ストレス発散っていうか気分転換にはもってこい。〔家電量販店Z社員Wさん、二〇一一年五月五日〕

派遣先Y社の社員と同様、Wさんの発言も自らの劣悪な労働状況を語ることで、同じ労働現場を共有していると彼女たちに思い込ませて、何とか同情を引いて取り入ろうと試みるのである。そして、「コンパニオンって常勤じゃないし、セクハラ窓口とかあるのか知らないけど、他の社員とかが「セクハラって言ったら出禁にしちゃえよ」って言っててさ、何やっても言ってもいいみたいに思われてるよ。ぶっちゃけ、俺もその一人なんだ」という語りに象徴されているように、彼らは「コンパニオンが自分よりも弱い雇用上の地位にある」ということを十分に自覚した上で、彼女たちの弱みに付け込もうとし、そうした自らの行為を正当化するだけでなく、それを彼女たちにも受け入れてもらおうとしているのである。

11 男性労働者とコンパニオンとの奇妙な共犯関係

本章でみてきたように、日雇い派遣イベントコンパニオンに関わる男性正規労働者は、自らの労働を「不安定な雇用状態」、「劣悪な労働状況」として語っている。実際、調査で目の当たりにした彼らが置かれている労働状況と、彼らの語りには大きな差はない。ゆえに、これらの男性正社員も労働者としては不安定な雇用状態に置かれており、その不安定さによって自らが被っている労働者としての権利侵害やそれがもたらすストレスを、労働者としてより弱い立場にある日雇い派遣イベントコンパニオンへとまわしていく、という構造となっているのは間違いない。

さらに、彼らの語りからわかるのは、彼らのような労働者が自分の被った権利侵害に対して告発したり、社会的な改善や変革に向けた運動を組織しようと試みる主体になるとは、到底考えにくいということである。彼らの話を聞く限り、三六協定がどのように結ばれているのかを知らない、もしくは三六協定自体を知らずにサービス残業を行なっていたり、「自爆」が労働基準法違反であることも知らずに働いていたりするからだ。★5 私は彼らから何度も雇用環境の不満や愚痴を聞いた。彼らは会社の不満を語りはしても、結局のところ、自分の能力がないからと言って自己責任化していた。また、会社が過剰なノルマを割り当て、「自爆」をさせても、イジメをしても、その被害者となる労働者らは口を揃えて「自分が悪い」、「自分の責任だ」と言うのだ。

派遣先Y社社員は「この世の中に自社製品をいらないからって自爆しなくていい接客販売なんてないよ。だって、アパレルは自社商品を社割（社員割引）で予算達成できなかったら買うでしょ？　コンビニだってクリスマスケーキ余ったり、ケーキの予約とれなかったら自分で買ったりもすんじゃん？　って自分が経験したことなんだけど（苦笑）。だから自爆は接客販売だったら当たり前。自爆が多いなら、それは自分の接客下手なせいなんよ」と言う。

家電量販店Zやそこに出入りする大手家電メーカー社員らは、「イジメにあうのは売れない自分の責任だから仕方ない。売ってる人がいるんだから頑張りようが足らないってことだから」、「メーカーを超えて、いろんな社員と仲良くなってコミュニケーションとっていけば、客をまわしてくれって頼めばまわしてもらえる。その付き合いができれば何とかなるんだからさ、付き合いがうまくできなかったってのが問題」だと言う。

そして、彼らの上司となる店長は、「店長は全部の部下の責任をとらされるんですよ。売上げ悪かったらすぐ降格させられるし、ボーナスも下がる。だから、自分のことも考えつつ、社員（部下）のことも考えつつ、発破をかける。社員も頑張れば売り場のリーダーになれるんだから。上にいける。店長にだってなれる。だから、頑張ってお互い昇給しよう、お前らもリーダーになれってね。（中略）売上げが伸びなかった時は自分が責任とることになるけど、下に責任押しつけちゃえばひとまず逃げ切れる。社員が悪いんですって言い切る。通用する時もあれば通用しないこともあるけど、実績重視の会社だからちょうどいい」と言う。

また、派遣元社員Aさんが「コンパニオンって派遣の仕組みがわかってない」と言ったように、コンパニオンの多くは日雇い派遣労働者でありながら、アルバイトだと思い込んでいる。そのため、彼女たちは労働者派遣法のことなど全く知らない。そして、派遣元社員Aさんは彼女たちが労働者派遣法を知らないこともあって、責任を押しつける。つまり、「自分の教育の問題じゃない。派遣法では派遣先が指揮命令を出し、それに従って働くのが派遣労働者なんだから僕の問題じゃない。求人と話が違うといっても派遣先がその場で臨機応変に指揮命令出すんだから、僕のせいじゃない」、「僕だってギリギリで仕事やってるんです。寝てない、家に帰れてない。うつになりそうだけど、でも頑張って働いてる。業務依頼かけてコンパニオンが働けてるのも、僕が仕事まわしてるおかげなんですよ。だから、聞いてない仕事だからできないとか文句言わないでほしいですね。仕事なくなってもいいのかってことですよ。あの子たち、仕事あるだけありがたいと思って欲しいくらいなんですけど」と言うのだ。

このように、日雇い派遣労働者であるイベントコンパニオンと共に働く男性正規労働者たちも、コンパニオンと同様に「結果がすべて」な労働環境に置かれていた。けれども、彼ら男性労働者の多くは、自身が直面した「イジメ」、「自爆」、「パワハラ」などの被害やストレスを、自分よりも下位の労働者（とりわけ弱い立場にある日雇い派遣コンパニオン）にまわし、ぶつけていくことで自分が戦力外＝左遷、降格とならないようにしていく。だから、「コンパニオンに時々癒やされればいい」、「まだ生きてるだけマシ」と諦め、「この世の中にブラック企業以外なんてそもそもない」、「だったら、転職するより馴れている環境で働き続けた方がいい」、「一から仕事を覚えるのはしんどいし、仮に転職してもその会社が今よりブラックな会社だったら意味がない」と自身の境遇を受け入れ、労働問題を告発しようなどと考えもしない。

本章で事例として取り上げた男性正規労働者のほとんどは、一般のジェンダー規範に照らしてみると、コンパニオンのような若い女性たちにとって、男性としての魅力＝価値がある（頼りがいがある、しっかりしている、やさしいなど）とはとても思えない存在である。けれども、コンパニオンの中には決して多くはないが、あろうことか、こうした男性に対して同情を抱いてしまい（私には正直なところ奇妙にしか思えないし、申し訳ないくらい露程の同情心もわいてこないのであるが）、ある種の共犯関係を結んでしまう女性が存在するのである。

休憩中に男性正社員らから性的発言・セクハラを受けた時の状況について、二人の同僚が私と休憩を交代する際に以下のように語った。

さっき、裏（喫煙所）で店長みたいな上の人が社員さんを「何で売れねーのかよ」って怒鳴りあげてて、蹴ってたんです。大の大人がイジメしてるの、初めて見たし、見たらいけないもの見ちゃった気がして。その後、イジメられてた人が「コンパニオンさんも売れなかったら、上着脱いで勤務とか罰ゲームみたいなのあるの？　売上げ未達分、服脱いで

くみたいなさ」って言われたんですよ。何かそういう冗談みたいなこと言ってその場を誤魔化すしかない感じだったから、どにかく笑って受け流してたんですけど、今考えたらこれってセクハラですよね。あの社員さん見てたら可哀想で気まずいとしか思えなかったから、セクハラってわかんなかった。［イベントコンパニオンAさん、二〇一一年二月一三日］

下ネタ振られて困ったけど、その人みんなからはぶられてる（仲間はずれにされている）人だったんですよ。結構はぶられてる人が言う感じする。調子いい、元気いっぱいな人から言われると、すごい頭にきたり、何だよって思うけど、はぶられてる人から言われると私しか相手してくれる人いないからかなって同情するっていうか。［イベントコンパニオンBさん、二〇一一年四月一〇日］

このように彼女たちが男性正規労働者からのセクハラ発言を受け入れてしまうことによって、コンパニオン間や派遣元、派遣先、家電量販店の男性正社員らとの間で、女性性による規範を前提とした言動（トラブルが起きても常に明るく笑顔で愛想がよく、男性正社員の言うことは何でも聞き入れて好かれようとするなど）が展開されていくことになる。次章では、そのような言動において、主としてイベントコンパニオンがどのように感情管理・感情労働を行なっていくのかについて、また、彼女たちの感情管理・感情労働によって生じる問題について検討していく。

★1 これらの労働問題は、二〇〇八年七月三一日をもって廃業した元日雇い派遣最大手のグッドウィルとフルキャストの労働実態を事例として指摘されたものである［派遣ユニオン・斉藤、二〇〇七年］。

★2 二〇一三年一〇月、政府の規制改革会議の雇用ワーキンググループが日雇い派遣の原則禁止に対して、直接雇用の短期（日雇い）労働者が増えただけで抜本的な制度改革となっておらず、限られた時間内で働きたいという働き手や短期間に需要が集中する業務のために、日雇い派遣の解禁を求める意見案をまとめた。それにより、二〇一四年七月現在、政府では再度日雇い派遣を解禁するか否かをめぐっての議論がなされている。今後日雇い派遣が解禁されるか否かは、まだ分からない状況であるが、上述した元日雇い派遣労働者や正規社員のように日雇い派遣解禁を待ち望んでいる労働者は多いように思われる。

★3 労働基準法では、一日八時間・週四〇時間を労働時間の上限とするように定められているが、労働基準法第三六条にもとづく「三六協定」を労使で締結し、所轄の労働基準監督署へ届け出をして受理されると、この制限を超えて働くことができる。「三六協定」では、延長してよい労働時間として上限時間を定めているが、法律上、この上限時間は明記された義務ではない。そのために、労使協定さえ結んでしまえば、比較的容易に労働基準監督署に受理される［今野、二〇一二年、九五～九六頁］。

★4 特別条項付三六協定とは、臨時的に「三六協定」の限度時間を超えて時間外労働（残業）を行なわなければならない特別な事情の五点（この五点は本文参照）が予想される場合に、労使締結すると、更に長い時間の労働が可能となる協定である。「過労死」しそうな水準の長時間労働（厚生労働省が定める「過労死ライン」では、月に八〇時間以上の残業）を、特別条項付三六協定で結んでも、違法にはならない［今野、二〇一二年、九五〜九七頁］。

★5

労働基準法などを知らないというような「無知」によって、彼らが労働運動の主体にならない、と言っているわけではない。仮に自らの労働状況に耐えられなくなっても、彼らのほとんどは、異議申し立てや告発をするよりも、別の会社や業種へと転職することを選ぶだろう。なぜなら、労働運動をしても「自分の得にならない」ことを彼らは知っているからであり、そうした「知識＝状況認識」自体が彼らを「無知」の状態へと留めているからである。ここで「自分の得にならない」というのは、単に「労働条件が改善されない」という意味ではない。告発や意義申し立てをしさえすれば、即刻、確実に「労働条件が改善される」とともに、「勤務先において上司を含めた人間関係に軋轢が生じることなく、それまで通りに仕事を続けられる」という保証がなければ、「自分の得にならない」のだ。「労使交渉で仲間を得て孤立が解消されることだって自分の得ではないか」という考える人も稀には存在するかもしれないけれども、彼らのほとんどはそう考えない。なぜなら、自分が労使交渉を始めた途端に、勤務先で孤立してしまうことを、彼らは「自分の得にならない」と知っているからである。だから、仮に労働基準法などの知識を持っていたとしても、彼らのほとんどは労働運動などしないだろう。社会的にニュートラルな知識など存在しない。意義申し立てや告発など考えずに、労働基準法を知ろうとせず、勤務先で孤立しないようにうまく立ち振る舞っていく術だって、彼らの「知識」なのだ。したがって、彼らが労働運動の主体になりうるためには、「無知」の状態から抜け出さねばならない（＝違う「知識」を身につける意外にない）――転職を繰り返した結果、それ以上転職を望めない――と考えるような状況に置かれるか、あるいは、告発や異議申し立てをすれば間違いなく「自分の得になる」という知識・情報が提示される必要があるだろう。けれども、現時点では、彼らに対して「労働運動をすれば、確実に得になる」という情報・知識を提供できるような人間は、研究者を含めて誰も存在しない。もちろん、社会的正義感の旺盛な者であれば、労働条件の改善の見込みなどなくても、告発や異議申し立てを行なうであろうし、そうした運動を行なうことは「自分の得になる」と考えるであろうが……。

第3章　感情労働者としてのイベントコンパニオン

本章では、感情労働という視角から、イベントコンパニオンが直面している労働問題が社会問題として顕在化せずに、個人的な問題として潜在化されていく有様を描き出すことを試みる。コンパニオンは、日雇い派遣労働者として派遣元X社と雇用関係にあるけれども、彼女たちが労働の場面で直面する「役に立たない研修」、「客からの盗撮」、「ストーカーやセクハラ」などの問題やトラブルに対して、彼女たち自身が感情管理を行なって対処せざるを得ない状況に置かれている。さらに、彼女たちの感情労働は、単に労働現場における顧客に対してだけではなく、派遣元、派遣先、家電量販店Zの男性正社員に対しても、同僚のコンパニオンに対しても、労働現場以外でも労働時間外でも行なわれているのである。

1 感情労働とは何か

アーリー・ホックシールドは、感情労働を賃金との〈交換価値〉を有する、公的に観察可能な表情と身体的表現を作るために行なう感情の管理のことである、と定義している。つまり、感情労働を行なう者は、自分の感情を誘発したり、抑圧したりしながら、相手の中に適切な精神状態を作り出すために、自分の外見を維持しなければならない［Hochschild 1983=2000: 7］。

ホックシールドが事例とした一九八〇年のデルタ航空の女性客室乗務員の場合では、彼女たちが職務においてデルタ航空の全体的な労働条件や、無理難題を押しつけるような問題のある客に怒りを抱いたとしても、デルタ航空はそれを問題として認識しない。デルタ航空は、それらの原因を決して変えることのできない事柄だとみなしているからだ。そのため、彼女たちは職務の遂行時にそれらに対する怒りを管理して表出しないことが課題となる。その課題を設定する根本にあるのは、デルタ航空が、客に懇親的で安全な場所でもてなしを受けているという感覚を、女性客室乗務員の笑顔による接客で抱かせることを方針として設定していることにある。それにより、彼女たちは自身の感情管理を、このデルタ航空が設定した方針に則って行なっていく。つまり、このデルタ航空の方針が彼女たち自身の感情を管理する上での規則＝感情規則となる。

彼女たちがデルタ航空の感情規則に従って怒りの感情管理をするとき、デルタ航空が奨励した怒りの管理法は、相手が何を考え感じているのかに注目し、相手の振る舞いを許す理由を頭の中に思い浮かべることであった。そうして、彼女たちは仕事の一部として、失礼な、あるいは逆上したクライアント、すなわち客に対処していく。その際、彼女たちは失礼な客に向けたい怒りを閉じ込めながら、不公平な交換を受け入れる。その感情労働の収支は賃金によって帳尻が合うことになっているため、彼女たちの感情は商品として取引される［Hochschild 1983=2000: 7-131］。

また、ホックシールドは、感情労働は各々の社会階級に対し異なる影響を及ぼすと指摘する。女性、つまり不利な立場にあるジェンダーのメンバーのうち感情労働を必要とされているのは、階級システムのなかの中流階級や上層階級の女性で［Hochschild 1983=2000: 22］、デルタ航空の女性客室乗務員のほとんどは、自らの職業を「真」の熟練が要求される、誇らしい専門的職業だと考えていたという［Hochschild 1983=2000: 139］。

このホックシールドが提唱した感情労働論は、特段に目新しい労働ではなく、人と関わる仕事に就けば、どのような労働についてもあてはまるものだろう。伊田久美子によれば、近年の雇用の非正規化、多様化は、グローバリゼーションによっていっそう拍車のかかった労働のサービス化に歩調を合わせており、雇用者数はサービス業に関しては例外的に増え続けているという。そして、さまざまな接客業において、単に仕事を適切に迅速に遂行するだけではなく、誠実（そう）な態度、親切な対応、愛想のよさ、笑顔などのサービスがより高いレベルで求められていることや、個別の事情にきめ細かく対応し、情緒的なニーズをも満たす、あたかも労働を超えた個人的な関係であるかのようなレベルでのサービスの質も含んだ接客が強く求められている。それにより、サービス労働は人格と商品を切り離すことが難しく、労働の評価が人格の評価と混同されがちだということも、指摘している〔伊田、二〇〇七年、二四七〜二四九頁〕。

ただ、ホックシールドが事例としたデルタ航空の客室乗務員と日雇い派遣イベントコンパニオンの労働状況を照らし合わせると、感情労働の様相は異なるように思える。★1

イベントコンパニオンも、デルタ航空の客室乗務員のように感情労働を行なうが、階級システムの中流階級や上層階級の女性ではなく、本書で事例とする派遣イベントコンパニオンは大学生や大学院生の女性である。また、第1章で見たようにイベントコンパニオンは、「真」の熟練が要求されるような専門的職業ではない。というのも、イベントコンパニオンは、研修を受けたとしても、労働現場で求人広告と異なる職務が急遽要請されるために研修が役に立たず、その場で臨機応変に感情を管理して対応するスキルによって成り立つ職だからだ。そして、ホックシールドの分析においては、デルタ航空の客室乗務員が感情労働を行なう相手は乗客のみであるが、イベントコンパニオンが感情労働を行なう対象は、携帯電話を購入する客だけではなく、派遣元X社や派遣先Y社、家電量販店Zの社員も含まれる。

コンパニオンは、派遣先Y社がイベントを行なう店舗に派遣され、その家電量販店Zの社員と共に勤務する。派遣先Y社にとって家電量販店Zは取引先であり、コンパニオンはY社の人員として家電量販店Zに派遣されるため、コンパニオンにとって、家電量販店Zの社員も感情労働の対象となる。また、派遣元X社の社員はコンパニオンにとって最も重要な感情労働の対象となる。コンパニオンの雇用の継続を最終的に決定するのは、派遣元であるからだ。後に詳述するが、コンパニオンは、募集要項と異なる職務が労働現場で要請されたり、セクハラにあったりなどのトラブルに直面し、戸惑いや怒りを抱いた場合、派遣元に指示を求める。しかし、派遣元は、派遣先が顧客であることから、コンパニオンに、派遣先の指示や行為を受け入れ、自分で対処することを要請する。その際、コンパニオンがその指示を受け入れ、実践し、対処しなければ、雇用の継続が危ぶまれる。そのため、コンパニオンは、戸惑いや怒りの感情を抱いたとしても、その感情を表出することはできない。その一番の理由は、派遣元から、笑顔で職務を遂行することを指示されているからだ。こうして、コンパニオンの意識のなかでは、雇用主である派遣元も、雇用の継続のために感情労働の対象となる。そして、コンパニオンは、これらの対象に自分の商品価値を見いださせ、雇用を維持するために、戸惑いや怒りの感情を管理し、笑顔を作り、その場で要請される職務を遂行していく。それにより、コンパニオンの労働現場が抱える問題が、彼女たちが感情管理を行なうことによって対処すべき個人的問題となり、社会問題化されず潜在化していくこととなる。

2 「性格の問題」という個人化

派遣元X社では、派遣先Y社社員や家電量販店Zの社員らに「人として好かれる」ことをコンパニオンに職務として要請している。コンパニオンは、労働現場で問題に直面した際の自身の戸惑いや怒りの感情を派遣先Y社や家電量販店Zの社員らに悟られないよう、いかにコントロールして、その場を切り抜け、「人として好かれる」かが課題となる。

では、派遣元X社の研修において「人として好かれる」ことがどのように説明されているのかについてみていこう。★2

まず、X社のコンパニオンとして勤務するには、X社の人材登録会に参加し、一度限りの研修を受けなければならない。研修では、コンパニオンがイベントで販売促進をかける「携帯電話会社の料金プランの知識」と「コンパニオンとして勤務するうえでの心構え」の二点が教えられ、これが求人誌『T』に掲載されていた「丁寧な研修」のすべてとなる。

研修は、X社のイベントコンパニオン担当者であるAさんが行なう。そのなかで重要事項として説明されたのが「心構え」であった。「心構え」とは、①姿勢よく立ち、笑顔で大きな声で「いらっしゃいませ」と言うこと、②クライアントや店舗の社員にきちんと笑顔で挨拶を行ない、指示を受けた場合には素直に聞き入れ、人として好かれること、③現場で困った際には、一緒に入る先輩のコンパニオンや店舗の社員に指示を仰ぐことの三点である。なかでも念押しして説明されたのは、②の「人として好かれる」ことの重要性であった。その理由を、Aさんは次のように述べる。

派遣会社が一番恐れることは、クライアント（派遣先Y社）からコンパニオン発注がなくなって、派遣会社の収益が上がらないことです。コンパニオンのみなさんがイベント店舗でトラブルを起こすと、クライアントからコンパニオン発注取引の見直しを申し出られます。みなさんが店舗でトラブルを起こすと、店舗側がクライアントに「問題のあるコンパニオンを勤務させた」とクレームを入れて、クライアントに責任をとるように言います。クライアントからすると、みなさんはうちが雇用する人材なので、僕に「どんな人材育成をしてんのか」、「店舗との取引に邪魔されて迷惑」とかクレームを入れるんですね。これが続くと、うちは信頼を失ってクライアントから取引中止と言われちゃう。どうやってトラブルやクレームを避けるか。クライアントのクレームの九割は、みなさんの勤務態度や人間性についてです。なので、勤務態度や人間性が疑われないために、人として好かれることが一番重要。クライアントも店舗社員も人間なので、嫌いな人より気に入った人と働きたいと思う。みなさんもそうでしょう？　嫌な人とは働きたくないですよね？　気に入られれば、仕事が多少できなくても温情で目を瞑ってもらえるけど、嫌われちゃうと小さなミスもクレームになる。風船配布も大事ですが、率先してやって欲しいのが、明るく元気で、笑顔で、何でも話を聞き入れる、素直ないい子として、クライアントや店舗社員とコミュニケーションをとって、仲良くなることです。それができたら、トラブルやクレームは起きません。みなさんのコンパニオンの仕事があるかどうかは、コンパニオン全員の性格にかかってるので、笑顔を忘れず、明るく元気で素直ないい子として、楽しく仲良く働いてきて下さい。みなさんのうちの一人がクレームを起こしただけで、会社の信用がなくなって仕事がなくなることもあります。過去にそういうケースがありました。この仕事は連帯責任だと思ってクレームを起こさないように、仲良く勤務して下さい。〔派遣元X社社員Aさん、二〇一二年一月一五日〕

このAさんの指導内容から明らかなように、コンパニオンの職務は、求人誌『T』に掲載された「風船を配布するだけの簡単作業」のみならず、勤務態度や人間性といった「性格」を問われるトラブルの発生とクレーム回避のために、労働現場で、「明るく元気で、笑顔で、何でも話を聞き入れる、素直ないい子」を演じ、派遣元Y社や家電量販店Zの正社員とコミュニケーションをとって仲良くなって「人として好かれる」ことも含まれるといえる。それには、派遣先Y社や家電量販店Zの社員からクレームが発生し、派遣元X社と派遣先Y社のコンパニオン発注取引が中止となった場合には、派遣元X社の問題ではなく、コンパニオン各自の個人的な「性格」の問題として扱われることも含意されている。

そして、コンパニオンはAさんが研修で述べた「明るく元気で、笑顔で、何でも話を聞き入れる、素直ないい子」をあるべき感情のモデル＝感情規則とし、トラブルやクレーム回避のために、感情管理を行ないながら勤務していく。

実際に彼女たちが直面するトラブルを取り上げ、「人として好かれる」ためにX社の提示した「明るく元気で、笑顔で、何でも話を聞き入れる、素直ないい子」という感情規則に則って、いかにコンパニオンが労働現場で自身の感情を管理してトラブルや問題に対処していくのかをみていこう。

3　感情管理というトラブル対処法

新人コンパニオンは、求人募集要項や研修で示された職務と労働現場で要請される職務が異なるために、戸惑いを覚える。勤務を続けることで、各店舗のリーダーが常に接客販売を要請してくることを知り、自分の職務は風船の配布ではなく接客販売なのだと気付くからだ。そこで話が違うと職務を放棄してしまうと給与は支払われないため、彼女たちは、職務内容が異なることで抱える戸惑いの感情を「給与のためだ」と割り切ることで抑え、接客販売を遂行する。

そして、接客販売を遂行していくと、新人のみならず勤務経験を重ねたコンパニオンも含め、彼女たちはさらなる戸惑いを感じる問題に直面し、自身の戸惑いの感情を管理して対処することとなる。

まずコンパニオンが接客を遂行するなかで直面する問題は、研修で教わらない知識が必要となる来店客からの機種に関する質問によって起こる。新人コンパニオンは、自分の職務が「風船を配布するだけの簡単作業」であると思っており、派遣元X社の研修でも機種に関する知識を教わらないため、機種に関する質問に答えることが困難であった。そこで、新人コンパニオンは、研修でわからないことは家電量販店Zの社員に指示を受けると教わっているため、家電量販店Zの社員に客からの質問を伝えて答えを聞いたり、接客の引き継ぎを頼む。すると、家電量販店Z社員は、彼女たちに「なぜ携帯電話のイベントに勤務しに来ているのに、機種の知識がないのか」と叱ったり、不機嫌な態度をとるため、彼女たちはたびたび困惑することとなる。また、家電量販店Z社員の機嫌を損ねたまま勤務終了となると、家電量販店Z社員は、派遣元X社にそのコンパニオンを名指しして怠業しているとクレームを入れるので、その後の店舗出入り禁止＝仕事の依頼の打ち切りという問題が起きる。なぜなら、家電量販店Z社員の多くは派遣元X社が機種に関する研修を行なっていると思い込んでおり、客の機種に関する質問に答えられないのは、そのコンパニオンの勉強不足＝怠業だと考えるからだ。

コンパニオンは、家電量販店Z社員から叱られ、不機嫌な態度をとられることや、その後の仕事の依頼の打ち切りを回避するために、客の質問に戸惑いながらも自分で対応することとなる。その時うまく対応できないと客は購入する気を失い、彼女たちに課せられた売上げ目標台数＝ノルマの達成が困難となる。また、ノルマの未達成となれば、家電量販店Z社員はX社にコンパニオンを名指しして実力不足だとクレームを入れ、店舗の出入り禁止＝仕事の依頼が打ち切りとなる。コンパニオンが一番恐れていることは、家電量販店Z社員がX社に対して店舗への出入り禁止＝仕事の依頼の打ち切りのクレームを入れることだ。そこで、彼女たちが雇用の維持のために行なっていたのが、前節で述べた派遣元社員Aさんが「人として好かれる」ように研修で指示したことを感情管理によって実践することであった。

私がコンパニオンのDさんと勤務した日、店舗に更衣室がなかったためにトイレで衣装に着替えていた。着替えながら、私が「春モデルの新機種、全部知ってる？　まだ把握しきれてなくてさ、機種のこと店舗の社員さんに聞いたらマズイかな」と聞いたところ、Dさんはその前の週にイベントで勤務した時の出来事を次のように話した。

Aさんが「わからないことは店舗の人に聞けば大丈夫」って研修で言ってたんですけど、あれって嘘じゃないですか。私が機種のこと聞いた時、「使えねー」、「帰れ」、「クレームいれるし」って言われて、もうクビだってあせったんです。だけど、Aさんが「店舗の人に、人として好かれれば業務依頼はくる」って言ってたから、一か八かで、社員に気に入られようってやってみたんです。これ以上使えない奴だと思われるとマズいから、その日

はもう接客しないことにして、とにかく携帯コーナーに客を集めることに集中しました。携帯買ってもらうには、まず客が集まらないと無理じゃないですか。だから、客をいっぱい集めれば、機種のミスを挽回できそうかなって。それからは、メチャクチャ笑顔でずっと声を張り上げて、客集めに必死。これが成功しなきゃクビだぞってあせりつつ。そしたら、怒ってた社員が、「さっき、派遣会社にクレーム入れるって言ったけど、一生懸命やってくれてるから言うのは止める。でも、これからは機種の知識を身につけてきて」って言ってくれたんです。本当に助かった。だから、店舗の社員さんに聞かない方がいいですよ。他の子も機種のことを社員さんに聞いたら「使えん」って言われてやばかったって言ってましたから。［イベントコンパニオンDさん、二〇一二年五月七日］

Dさんのこの語りはコンパニオンの間でよく聞かれるものである。接客を行なえば、必ず客は機種に関する質問をする。客から機種に関して答えられない質問をされ、それを家電量販店Zの社員に聞いたり、接客の引き継ぎを頼んで一度でも機嫌を損ねてしまえば、それ以後の接客を行なうことが怖くなる。なぜなら、それ以上に機嫌を損ねてしまうと、社員によってはコンパニオンを無視したり、客がいようがいまいが関係なく怒鳴り散らすためにコンパニオンが恥をかいたりと、その労働現場に居づらくなってしまうからである。また、そのような場合には、派遣元X社にクレーム＝雇い止めの申し入れが入る率が高まる。そのため、彼女たちは職務遂行上、それ以上に家電量販店Z社員を怒らせて恥をかくことや働きにくくなることの不安、自身の雇用の継続が打ち切られる恐怖をまねかないように、接客することを回避したいと思うようになる。

実際にコンパニオンの中には接客を回避しようとして、客と常に均一な距離を保ちつつ、売り場をグルグル歩き回り続けて勤務時間を潰そうとする者がいる。接客せずにひたすら売り場をグルグル歩き続ける彼女たちに話を聞くと、「接客しなけりゃ、客からわかんない質問されることもないし、客の引き継ぎで店舗社員と話をしたり接触する必要がなくなって、クレームが起きないから」と言う。とはいえ、コンパニオンは売り場に立っているのであるから、客からするとコンパニオンに接客を受けて当然だと思っている。

ある客は、「お姉さん（筆者）、忙しいところごめんね。機種の機能がどんなのか教えて欲しいんだけどさ、もう一人のお姉さんに聞こうと思ったら逃げるから追いかけっこしてる感じなんだよ。あのお姉さん、どうなってんの？　ずっとお姉さん（筆者）ちゃんと接客してるのに、あれはいくらなんでもないから、さっき店の人に言って注意するように言っといた」と言い、実際にそのコンパニオンはZの社員から売り場で「働かない奴は帰れ」と怒鳴られ、次回以降その店舗は出入り禁止＝勤務停止となってしまった。

このような客と「追いかけっこ」をしてしまったことによって「働かない奴は帰れ」と怒鳴られ、後に勤務停止となるコンパニオンは複数いる。しかし「働かない奴は帰れ」と言われたとしても、その日のうちは帰ることはできない。なぜなら、派遣先Y社の人員であるコンパニオンなので、指揮命令権は家電量販店Zではなく、派遣先Y社にあるからだ。怒鳴られてしまったコンパニオンは勤務終了後に次のように語った。

売り場で怒鳴られるってお客さんだけじゃなくて店舗の社員さんたちみんなから見られちゃうから恥ずかしいし、店舗に居づらい。そもそもAさんがちゃんと機種のこと教えてくれてたら（客から）逃げ回ったりしなくても済んだんです！　でも、みんな機種のこと知らなくても接客やってるわけだし、自分がお客さんから逃げたのがいけないですよね……。〔中略〕辛かったのは、コンパニオンって笑顔で立ってないといけないのに、怒鳴られると顔は引きつるし、あせるし、笑顔できなくなっちゃって。それに次の仕事の依頼がくるかどうか不安になって、余計に笑顔無理になっていったんです。もう怒られたのは仕方ないんだからって開き直って、「嵐」の歌を心の中で歌って元気だすようにしました。よくスポーツ選手が試合前に音楽聞いたりするじゃないですか。あんな感じで笑顔作るように気持ちをもっていって、あと数時間の辛抱ってカウントダウンしながら笑顔を一生懸命作ってたんです。でも、さっきトイレで鏡見たら、笑顔どころか顔色が悪すぎてダメだったなって。コンパニオンって元気で明るい子がやるべき仕事なのに、病人みたいで。そんなだから、どんなに怒鳴られたことを挽回しようと笑顔作ってても意味なかっただ

ろうなって。帰りに他の社員さんから、今日顔色悪かったねって言われちゃいましたし。

［イベントコンパニオンLさん、二〇一一年一二月一一日］

このように、恥をかいたり、働きにくくなることの不安やクレームによって雇い止めにあってしまう恐怖から逃れようと、客がいるにもかかわらず接客を回避してしまえば、さらには追いかけっこをしてしまったことで客から店舗に注意が入ってしまえば、怠業していることになってしまい、それもまたクレームに繋がり、勤務停止となってしまう。

そのため、彼女たちは家電量販店Z社員に接客をしていなくとも怠業していないとアピールし、かつ、既に家電量販店Z社員が抱いている怒りの感情を抑え、自分の勤務評価を少しでも上げるために、Dさんのように、笑顔で声を張り上げて、イベントを行なっていることを客にアピールし、集客する方法をとる。これは、コンパニオンの間で、この方法がうまくいけば、家電量販店Z社員は彼女たちがきちんと仕事をやっているとみなし、それ以上のクレームは回避でき、自分の勤務評価も上がる方法だと言われていた。

また、コンパニオンが派遣先Y社の設定した売上げ目標台数に達することができなかった場合も、クレームに繋がっていく。しかしノルマ達成のために接客を行なえば、彼女たちは客からの機種に関する質問に答える困難に直面し、家電量販店Zの社員は接客を代わってはくれないうえに、機種に関する質問をすればクレームとなる。

私はペアを組んで勤務したEさんと一緒に電車で帰りながら、携帯電話会社の新機種が掲載されたパンフレットを開き、「夏モデルがだいぶ出たけど、まだ全部出揃ってないよね。発売が遅れてる機種もあるし、覚える機種がどんどん増えてイヤになる。下手すりゃ客の方が機種のこと詳しい時あるし、わかんないからって黙ってたら売れないし、笑顔で切り抜けるしかないかなぁ」と話した（苦笑）。するとEさんは「田中さん（筆者）、勤務年数長くてもわかんないことあるんですね。私はこの仕事始めて二年で結構長い方なんですけど、同じこと思うんですよ。客に機種でわかんないこと聞かれて黙ったらダメで、わかんなくても何か話して目標台数達成しなきゃって。何があっても明るく笑顔ってストレス溜まりますよね。私はもうベテランだから新人の子とばっか勤務で、こういう話わかってくれる人がいないんです」と語り始めた。

客は機種のことしか聞いてこないけど、研修は料金プランしか教えてくれないから本当に困る。客は私たちを、携帯電話のことなら何でも知ってると思ってるから、質問された時に戸惑った顔を見せたり、黙ったらもうダメ。それやると、いろんな客に「本当はここの会社の携帯、使ってないんじゃない？」って見破られるし、「携帯会社のお姉さんが使いこなせない機種を自分が使えるわけがない」って言われて全然売れない。やっぱり不審がるんです。そんなんじゃ、売上げ目標台数達成できないから、客にわからないこと質問されて、心の中で「何それ？」って戸惑ったとしても、「知ってます。まかせて下さい！」っ

て、自信ありげな笑顔を作るんです。売らなきゃクレームになるし、あせったり、戸惑ったりしちゃうと、せっかく売れそうな感じでも、信用なくしてダメになるから、自信ある笑顔で信用させる。そこからあと大事なのが、とにかく買う気にさせるために世間話をメチャメチャして「もう買っちゃいましょうよ！　絶対使いこなせますって！」って押す。この方法に気付いてからは、結構売れるようになったかも。店舗の人から売上げで文句言われることも減ってよかった。［イベントコンパニオンEさん、二〇一二年七月一五日］

私が「（Eさんは）確かに今日家族連れの子どもと一緒に（携帯で）遊んで、お父さんに買っちゃいましょうって言ってたね。そしたらあのお父さん、家族全員分買うって一気に五台買ったでしょ？　あれはビックリした（笑）。私、子ども苦手ですぐ顔に出るから子ども相手にしながらの接客は無理（苦笑）。私は大抵一人で来てる客を接客してるから、一気にまとめて複数台出せないんだよね。五台売ろうと思ったら最低五人接客でしょ？　接客したからって全員買ってくれるわけないし」と話すと、Eさんが「小児科の看護師目指してるんで、子ども得意なんです。見てるだけで笑顔になれちゃう（笑）。田中さん、機種のことわかんなくても子どもがダメでも、ほぼ買ってくれるターゲットあるじゃないですか。みんな言ってますよ」と言う。私が「買ってくれるターゲットがあっても、接客で嘘教えたらクレームになるじゃん。嘘教えたのがX社の耳に入ったら勤務停止になるでしょ？　機種のこと会社教えてくれないし、

クレームで勤務停止になったら収入なくなるし。もう機種を自分で勉強して切り抜けるようにしてる。余裕がないと、笑顔作るのしんどいから」と話すと、Ｅさんは「田中さんが機種に詳しいのは、それでなんですね。私も機種の勉強やってますけど、勉強する時間作るのも大変でしょ？　売上げとかピンチになったら、このターゲット狙えば大丈夫です。クレームの心配もないです。っていうのも、携帯のことわかってない人たちだから（苦笑）。でも、後でバチが当たるかなって不安になったりもするけど。売上げ目標達成しないと業務依頼こなくなるし生活かかってるんだから、やっちゃっていいと思う。笑顔さえ作れれば大抵イケる（売ることができる）」と、次のように言った。

みんな言ってるけど、売上げ悪い時にお年寄りに売りつけたりもしますよね。六〇代以上の人で、機械に弱い人。そういう人たち、スマホの使い方わかんない人が多いでしょ。だから「簡単に使いこなせますよ」って明るくサラッと言って、お年寄りに使いやすく見せられる機能を操作して見せる。で、「ねっ、簡単に使えますよ？」って笑顔で言い切っちゃうんです。最近、二つ折りの携帯電話が少なくなってて、スマホばっか。お年寄りの人たち、「見た目のいい機種があんまりない」、「二つ折りが少ないから、自分がいいなと思うものは、もう友達がもってる。同じの買うと、間違えて友達の携帯持って帰っちゃいそう」、「旦那と色違いになるのは嫌」とか何だかんだ言って、「二つ折りもちたくても好みに合わないから」って買ってくれない。でも、こっちは売上げ目標台数達成しないとダメだから、もう笑顔でね、「周りのお友達でスマホもってないんだったら、スマホもってたら格好いいですよ」ってもちあげて、「使いやすそうでしょ？」って念押しして信用させつつ、心の中じゃ「頼むから買ってくれ！」って叫んでる。［イベントコンパニオンEさん、二〇一二年七月一五日］

Eさんのこの語りもコンパニオンの間でよく聞かれる。コンパニオンは、客の質問に答えられない場合、あせり、戸惑う。しかし、その感情を表出すると、客はそのコンパニオンへの信頼をなくし、機種に対する興味や使いこなす自信も喪失していき、結果、購入意欲を失う。彼女たちはノルマを達成できなかった場合、自身の雇用の存続が危うくなることや「自爆」の恐怖を常に抱えている。そのために、客からの質問に対応しきれないあせりや戸惑いの感情を笑顔に転換することで、客からの信頼を得て、機種の購買意欲をかき立てようとする。

その笑顔を作る際、Eさんが述べたように、世間話をすることも重要となっていた。話が続かなければ、客との間で沈黙が続き、購入意欲のない客はすぐにその場を立ち去ってしまうからだ。Eさんは、「長時間、世間話で盛り上がると、客のなかには、本当は機種を買わなくてもいいけど、何か買わなきゃ悪いなって買う人がいる。そんな時、良心につけ込んでるみたいで申し訳ない気になるんです。本当に買わせていいのかな、やり方汚くないかって。でも、その日に売って実績上げなきゃ仕事なくなるから、仕方ないって割り切るしかない。売るには世間話は重要です」［イベントコンパニオンEさん、二〇一二年七月一五日］と言う。

コンパニオンはイベント実施日に機種を購入させなければ、実績として評価されない。イベント実施日でない日に、接客した客が購入しに来ても、コンパニオンは日雇いであるがゆえに、勤務日に販売契約に至らなければ自身の売上げ台数にカウントされないからだ。そのため、彼女たちは、機種が必要ではない客に対しても機種を買う気にさせ、そのことに罪悪感を抱いたとしても、自身の雇用の危機に対する恐怖を払拭するために、仕事のためだから仕方ないと割り切っていく。また、ノルマを達成すれば、家電量販店Zの社員から「実績をあげてくれるいい子」だと評価され、その店舗でイベントが行なわれる際には、「指名派遣」がされることもある。そのため、家電量販店Z社員に対しても、客に対しても、感情を管理しながら接客を遂行し、ノルマを達成しようとする。家電量販店Z社員にも、客からも好かれるために、笑顔を作っていくのだ。たとえ派遣元X社が求人広告や研修で示した職務内容と異なる接客販売が要請され、話が違うと憤ったとしてもである。

4　盗撮への対処

コンパニオンが職務を遂行するなかで、衣装のミニスカート（以下、ミニスカ）の中を盗撮されることが頻発していた。私は、彼女たちから様々な盗撮の経験談を聞いたが、以下で取り上げるイベントコンパニオンGさんの話［二〇一二年六月一〇日］と同様のトラブルであり、また、彼女たちが行なう感情管理も、Gさんとほぼ同様の方法をとっていた。

男性客からミニスカの中の盗撮をされたGさんは、まず家電量販店Zの社員に、盗撮の対処を求めた。すると、Zの社員は、「自分が盗撮してる客に注意したら、逆上して何されるかわからないから怖い。スカートの下にはパンツが見えないようにスパッツ履いてるんだから、パンツを撮られてるわけじゃない。そもそも、ミニスカ履く時点で盗撮される危険性くらいわかってるはずで、それで盗撮を何とかしろと言われても俺には関係ない」と言われ、対処をしてもらえなかった。そして、Gさんは、派遣元X社のAさんに電話で対処を求めるのであるが、Aさんも「コンパニオンの衣装は客を集めるためで、ミニスカの中を盗撮しに客が来ても、集客したことにはかわりはないから、集客の成功の証。日給一万二〇〇〇円と高く設定しているのは、ミニスカの衣装を着てもらうことで起きる盗撮などのリスクを含んだ上でのことなので、その日給で何とか我慢してくれませんか。それから、コンパニオンは笑顔が大事なので、盗撮犯もお客様だから笑顔で接客して、携帯買わせちゃいましょう。そうすれば、Gさんの腹立ちはおさまるんじゃない?」と言われ、何らの対処もしてもらえなかった。

　Gさんは、雇用主である派遣元X社の指示を守らなければならないと思い、一旦は、盗撮犯に対して接客し、イベント目的の販売ノルマ達成のために機種を買わせようと思った。しかし、それと同時に、盗撮されていることの気持ち悪さ、盗撮されたものがインターネット上にアップされる可能性があることの恐怖、なぜ盗撮犯ではなく、自分が責められ、誰も助けてくれないのかというショックと悔しさが沸き上がり、感情が混乱してパニックに陥って泣いてしまう。Gさんは、コンパニオンは笑顔が重要な職だと考えており、X社にも笑顔での接客を要請されているため、泣き顔を隠すために、トイレに駆け込んだという。そして、Gさんはトイレで取り乱した感情を次のように整理する。

　なによりGさんがショックだったのは、X社や家電量販店Zの社員から「ミニスカを履くことに、盗撮のリスクが含んであることはわかっているはずで、その職を選んだのだから盗撮を受け入れること」を指示され、盗撮を拒否した自分が責められたことであった。それに対して、Gさんは、「誰だって盗撮されたら気持ち悪さを感じるし、ネットにアップされたらどうしようって怖くなる」と思い、盗撮に対するショックや嫌悪感を抱いて、泣いても当たり前だと自分を肯定する。しかし、X社や家電量販店Zの社員は、職務上の指示として、引き続き笑顔の接客を要請するため、Gさんは、ショックや悔しさや気持ち悪さといった不快な感情と泣き顔を、何とか急いで笑顔に変えなければならないと思う。なぜなら、Gさんは、家電量販店Zの社員から盗撮されても接客しろと言われているのだから、早く泣き止んで笑顔になって売り場に戻らないと、トイレで怠業していると思われ、クレームに繋がると思ったからだ。

Gさんにとってこの仕事は、給与が高く土日だけの勤務で生活を賄える好条件のものであるため、これから違う職を探すのは難しい状況にあった。それゆえ、Gさんは、「今日だけ盗撮されたと思って、割り切ろう。今日だけ我慢すればいい。今日盗撮されただけで、その後の仕事が一切なくなる方が怖い。盗撮より、クビになって生活できなくなることが怖い」と、盗撮による恐怖を仕事を失うことの恐怖で上塗りしたという。そして、Gさんは、再び売り場に戻って接客するために、派遣元社員Aさんが研修で指示した「元気で明るく笑顔ないい子」を演じる気持ちに切り替える。ところが、トイレの鏡で自分の顔を鏡で見たところ、盗撮されたショックで表情が暗く、顔が疲れて見えたため、「明日は待ちに待った合コン！　その前に衝動買いして憂さ晴らし！」というプライベートでの楽しみやストレス発散法を思い起こして、笑顔を作ったという。

売り場に戻ってからは、家電量販店Z社員がトイレにこもっていた時間を怠業と思い、自分の勤務態度がマイナスイメージになっているかもしれない不安を抱いたため、そのマイナスイメージを払拭しようと、その日の中で一番大きな笑顔を必死で作り、家電量販店Z社員にも客にも泣いたことを悟られぬよう、ノルマ達成のため、積極的に接客したそうだ。

Gさんの話から明らかなように、派遣元X社は、彼女たちが盗撮されることに恐怖や嫌悪感を抱いたとしても、それらの感情は日給一万二〇〇〇円の賃金と引き換えられるものであるから、日給を得る限りは盗撮されることを我慢し許容することを指示していた。つまり、盗撮は、本来ならば性犯罪として扱われるべき事案であるが、X社は盗撮犯であっても携帯コーナーで機種を見ている限りは、「お客様」と判断し、盗撮犯が携帯コーナーに訪れて盗撮しても、それは集客の成功であるとみなしているため、その対処は、彼女たちが独断でせざるをえない。また、家電量販店Z社員も、コンパニオンはミニスカを履くのが職務の一部であり、ミニスカを履くなら盗撮されるリスクも理解しているはずであるため、盗撮が嫌なら、その仕事を選んだ自分の責任だと迫る。それゆえ、盗撮されて現場放棄してしまい、売り場に戻ったとしても表情に元気がなければ、なおさら「役立たず」のコンパニオンとして評価が下がり、仕事の依頼に支障をきたしてしまう。

このように、コンパニオンは性犯罪として扱われるべき盗撮が派遣元X社にも家電量販店Zの社員にも対処されず、許容することを求められるため、盗撮によって精神的に不安定な状態に陥ったり、嫌悪感や怒りの感情を抱いたとしても、雇用の継続を望む限り、研修で指示された「明るく元気で、笑顔で、何でも話を聞き入れる、素直ないい子」でいなければならない。そして、それができなければ、彼女たちの職務スキルの低さとして処理され、彼女たち自身の個人的な問題として処理されてしまう。

5 セクハラやストーカーへの対処

コンパニオンの多くが、携帯電話コーナー以外の社員からプライベートでメールをして欲しいと名刺を渡され、そのメールのやりとりをすることに苦痛を覚え、一部のコンパニオンは「これってセクハラじゃん!」と憤っていた。彼女たちは研修で「店舗の社員さんたちと、率先して仲良くなって、人として好かれること」を要請されており、私的なメールのやりとりをすることが推奨されていたことから、メールをせざるを得ない状況に置かれていた。

コンパニオンのHさんもその一人で、家電量販店Zの社員からプライベートでのメールのやりとりを求められたという［イベントコンパニオンHさん、二〇一二年三月一八日］。Hさんは、自分の連絡先を教えるのは怖いと思い、派遣元社員のAさんに指示を仰いだ。Aさんは、「今後もその店舗でイベントがあるから、メールしなくて気まずくなると仕事に支障がでるかもしれないので、一度だけの付き合いでメールを送って、後は送らないでいい」と、仕事上の付き合いとして指示を出したという。その指示を受けたHさんは、Aさんの言うように、今度その店舗に入ればその社員と必ず絶対会い、連絡先を教えなかった場合には、自分が勤務しにくくなる可能性があると思ったため、Aさんの指示どおり、仕事上の付き合いとしてメールをした。すると、その社員から毎日メールが二〇通以上届くことになり、その内容は、Hさんを彼女だと勘違いした内容であったという。Hさんは、ストーカーに発展するのではないかと恐怖を感じ、Aさんに再度指示を求めた。Aさんは、「毎日二〇通以上送られてくるのは異常だけど、メールで彼女になったと勘違いされるほど、Hさんには魅力があるということで我慢して下さい」と言ったそうだ。また、Aさんは、「（勤務時間）外のことはプライベートの問題になるので、自分で対処してもらえないですか？」と、Hさんに述べたという。

つまり、派遣元社員Aさんはそれを異常だと認識しつつも、Hさんがそのような事態に陥ったのは、Hさんの女性としての魅力＝Hさん個人の要因による問題であり、そして、勤務時間外のプライベートで発生している問題だと判断して、Hさんの個人的な問題として処理したのだ。そのため、Hさんは、Aさんがメールを送るよう指示を出したために送り、その結果、メールで付きまとわれる恐怖を感じることになったにもかかわらず、AさんがHさん個人の魅力の問題として対応してくれないことに怒りを覚えながら、「彼女になった」と勘違いされてしまった恐怖に自分で対処せざるをえない。

Hさんは、コンパニオンを続ける間はその店舗で働く可能性があるため、毎日二〇通のメールがきても無視ができず、返信せざるをえないことから、苦痛のあまり、仕事を辞めるか検討したそうだ。しかし、自分の生活状況を考えるとこの仕事しかできないと思ったという。その結果、Hさんは、彼女と勘違いされてメールが届き続ける恐怖やX社が対応してくれないことの怒りを、「日給一万二〇〇〇円のためなんだ」と、賃金と交換することによって我慢しようと決めた。

このように、派遣元社員Aさんが研修で指示した、店舗の社員との人間関係を大切に率先して仲良くなることは、勤務時間外の付き合いも含みながらも、勤務後の付き合いで起きた問題はプライベートな問題だとAさんは判断するため、コンパニオン各自で対処することが要請される。そして、コンパニオンとして働き続けることを希望する者は、各自で勤務動機を明確化して賃金とトラブルによる恐怖心を引き換えることで、トラブルを帳消しにする感情のコントロールを行なっていた。

また、コンパニオンが出張でイベント勤務する時は、勤務終了後、派遣先Y社の男性正社員と一緒に夕飯を食べて交流を図ることがある。その際、Iさんは次のトラブルに見舞われた［イベントコンパニオンIさん、二〇一二年五月五日］。

Iさんは、勤務終了後、Y社の男性正社員から夕飯に誘われたが、翌日の勤務もあり、勤務終了後もY社に気を遣い続けるのは疲れるので断ろうと思った。しかし、断ると、翌日の勤務がやりにくくなる可能性や、派遣元社員Aさんが「クライアントY（派遣先Y社）と仲良くしろ」と研修で述べたことを思い出し、結局参加した。帰り際に、Y社社員がIさんの部屋番号を聞き、Iさんは同じホテルだと思わなかったために教えたところ、Y社社員が「同じホテルだから部屋に遊びに行く」と言ったそうだ。そして、Y社社員は、午前三時にIさんの部屋を訪れ、ドアを叩きながらIさんの名前を大声で呼び続けた。その時Iさんは、恐怖を覚えながら、ドアを開けるかどうか悩んだという。なぜなら、研修でAさんが、仕事の依頼がくるようにクライアント社員と仲良く、素直に話を受け入れろと言われていたからだ。そのため、Iさんは、ドアを開けなかったら人として嫌われ、今後の仕事依頼がなくなるかもしれない不安を抱えたという。それと同時に、ドアを開けたら襲われるかもしれないと思い、ドアを開けて仕事をとるか、仕事がなくなってもいいから自分の身を守るかで困惑したそうだ。結局、Iさんは、襲われた時の恐怖を思い、翌日に何か言われたら寝てましたと言えば何とかなると判断し、ドアを開けなかった。

Iさんは、イベント勤務終了後、Aさんに電話をして、食事会の参加とホテルの部屋にY社男性正社員が来た時の対処法の指示を仰いだ。Aさんは、勤務終了後でも仕事上の付き合いとして食事会には出席することを要請した。また、Aさんは、「Y社社員が夜中に部屋に来るのは常識としておかしいけど、何もなかったんだからいいじゃない。Iさんは Y社から指名がきているので、これをきっかけに指名を断られると、自分に問い合わせがきて、その時に何て答えたらいいのか困るから、X社を助けるために、これからもY社社員さんたちと我慢して働いてくれないか」と述べたという。

Iさんは、このAさんの言葉に怒り心頭となる。なぜならIさんは、Aさんが仕事上の付き合いとして食事会の参加を要請したため、帰りたいと思いながらも嫌々参加し、その結果襲われるかもしれない恐怖を味わい、Aさんもおかしいと判断しているにもかかわらず、「何もなかったんだからいいじゃない」、「会社を助けるために我慢してくれ」の一言で済ましたためであった。しかし、Iさんは、この仕事を続けなければ生活できないため、Aさんにそれ以上何とかして欲しいと申し出れば、X社と関係が悪くなって日給を下げられてしまうか、最悪の場合クビになると思い、怒りを抑えたという。

それから数週間、Iさんは、派遣元X社が派遣先Y社との取引を重視して対処してくれないために、Y社の社員と共に勤務する場合、Y社社員との関係と自分の身の安全とを守るために仕事中どのように振る舞うかで悩んだそうだ。

Y社社員にこれまでどおり愛想良く振る舞えば、今後もホテルに来られるなどの恐怖を味わう可能性があり、愛想悪く振る舞ってしまえば勤務態度が悪いと判断され、その後の仕事の依頼が危ぶまれる。Iさんはその恐怖と不安を解消するために、Y社社員と共に勤務する際には、接客販売に集中して、これまでのようにY社の社員に話しかけて親密性を深めることを止めた。そのかわりに、話しかけてこないことをY社社員に不審がられたり、愛想がなくなったと言われないよう、接客で売上げを伸ばし、それを評価されることで、雇用の継続に対する不安も解消しようと試みているという。

このIさんのトラブルは、研修の「心構え」で指示されたように、勤務中のコンパニオンは派遣先社員に笑顔で挨拶をして、明るく元気に素直に振る舞ってコミュニケーションをとり、人として好かれることを実践したことで発生していた。これは、コンパニオンが労働現場で仕事をしやすくするためだけでなく、Aさんが「会社を助けると思って」とIさんに述べたことからわかるように、派遣元X社のコンパニオン発注依頼の獲得も目的に含まれている。そして、派遣元X社は、派遣先Y社との取引を優先するため、Iさんのトラブルに取り合ってくれない。そのため、Iさんは、自分で対処していくほかない。そして、Y社の社員が今後ホテルの部屋に来ないよう、Iさんはどう対処するかを考える。Iさんが勤務中に愛想の悪い態度をとってしまうと、Y社や店舗の社員から勤務態度が悪いと判断される可能性があり、その後の仕事の依頼の継続が危ぶまれるという精神的不安を抱えることとなるため、IさんはY社社員と仲良くならなくていいように接客販売に励み、愛想がないというクレームを回避しようと売上げ台数を圧倒的に伸ばすことで雇用の維持に努めていた。

6　コンパニオン同士でも必要な感情管理

派遣元X社は、コンパニオンをベテランと新人の二人一組で勤務させている。ベテランのコンパニオンは、X社が研修で「わからないことは先輩のコンパニオンに指示を仰ぐ」と指導したように、新人の面倒をみなければならない。また、家電量販店Z社員からも新人の面倒をみるよう要請され、仮に新人が問題を起こせば、ベテランコンパニオンの管理監督責任としてX

社にクレームを入れられ、その後の仕事の依頼が減少したり、その店舗の出入り禁止の処分が下されることとなっていた。

X社は、コンパニオンが出勤可能日を記して提出したシフトをもとにペアを決めるため、ベテランと新人のペアが毎回違うことが多い。それゆえ、彼女たちは、実際に勤務するまで、相手の性格や仕事のスキルなどを知らず、とりわけベテランにとっては、その都度初対面の新人をいかに労働現場で管理監督するかが課題となっていた。

ベテランコンパニオンのFさんが初勤務となる新人と勤務した際に、次のトラブルに遭遇したという［イベントコンパニオンFさん、二〇一二年三月四日］。

Fさんが接客中、新人がイベント場所である携帯コーナーを離れ、CD売り場に行ってしまった。Fさんは、家電量販店Z社員に気づかれる前に早く連れ戻さねば自分の管理監督責任が問われると思ったものの、接客中ゆえに連れ戻しに行くことができなかった。Fさんが接客を終えた時には、Z社員が新人を連れ戻しており、新人ではなくFさんに「イベント経験数が多いんだから、新人の面倒みるのもあなたの仕事なのに、何でみてないんですか？　彼女に業務指示出す役割でしょ」と責めたという。Fさんは、新人の仕事を管理監督するのは自分の職務の一つだと思いながら、なぜ新人ではなく、自分がきつく怒られるのかと腹が立った。その怒りの矛先は、家電量販店Z社員、怠業をした新人、派遣元のX社に対してであった。

まず、Fさんが家電量販店Z社員に抱いた怒りは、要請された職務である接客をきちんと行なっている自分がなぜ怒られなければならないのかというものであった。怠業をしている新人を怒るべきなのに、「新人だから仕方ない」となぜ許されるのかと憤ったのだ。

怠業をした新人に対しては、なぜイベント場所の携帯電話コーナーを離れるのかと憤る。もう一緒に勤務したくもないし、彼女が何らかの助けを求めに来ても、無視してやりたいと思ったという。

そして、X社への怒りは、Fさん自身も、新人と同様に、求人誌『T』に記載された「風船の配布だけの簡単作業」という仕事内容に惹かれて労働契約したため、新人の管理監督はそもそも自分の職務ではない。にもかかわらず、なぜ自分に新人の管理監督責任が課せられるのかというものであった。

このように、Fさんは、家電量販店Z社員、怠業した新人、X社に対して怒りを覚えるのであるが、彼女はその後の仕事の依頼を獲得するために怒りを管理していく。

Fさんは、家電量販店Z社員から管理監督の行き届かなさを責められたことに対する怒りの表出については、もう仕方がないと諦めたという。接客中の自分が新人を連れ戻しに行くと、客はその場を立ち去って販売機会を逃してしまうため、ノルマを達成するにはベテランの自分が接客販売をするしかない。初出勤の新人には接客販売スキルが全く身についてないからだ。そのため、ノルマを達成して、その後も仕事の依頼を獲得するために、自分に対する家電量販店Z社員の怒りの表出は理不尽だと思いながらも、接客を続けた自分の行動は正しかったと自己肯定し、怒りを抑える。

そして、怠業した新人に対して抱いた怒りや、彼女が勤務中に助けを求めてきても無視してやろうと思った感情については、もし仮に自分が彼女の要求を無視してしまえば、彼女が家電量販店Z社員にそれを伝えるかもしれず、そうなれば、また自分の管理監督責任を問われ、仕事の依頼がこなくなる可能性があることを考慮し、仕事の依頼がこなくなることの恐怖の感情を抑えるために、新人の助けを求める声は無視できないと思い直して、新人に対する怒りの感情を押し殺したという。

Fさんは、新人が怠業しないよう、いかに新人のやる気を引き出すかを考えた結果、新人に「私より全然可愛いんだから、携帯コーナーで笑顔でニコニコ立って、男性客とか子ども集めてよ」と言い、機嫌をとったという。その際、Fさんは経験上、このタイプの新人の場合、自分の怒りの感情が伝わると再び労働現場を放棄する可能性があると判断し、怒っていないふりをして、笑顔で優しく気さくに話したそうだ。すると、新人は「可愛いだなんて照れちゃうけど、嬉しいです」と言い、それ以後、携帯コーナーから離れずに上機嫌で積極的に客に声かけを行なったという。

また、派遣元のX社に対するFさんの怒りであるが、イベントに派遣するコンパニオンを選抜するのは雇用主のX社である。そのため、Fさんは、仮に家電量販店Z社員が自分を高く評価してくれたとしても、X社に気に入られなければ、自分に仕事の依頼がこなくなる可能性があると考え、この仕事を続けていくには、契約外の新人の管理監督の仕事も引き受けざるをえないのだと思うことで、怒りをかろうじて抑えているということであった。

このような感情の管理を行なっているのはFさんだけではない。私は、Fさん以外のベテランたちからも新人の怠業について同様の話を聞いている。新人の怠業の責任がベテランに問われるたびに、ベテランコンパニオンのほとんどがFさんと同様に、怒っていないふりをして「優しい笑顔」を表出するという感情の管理を行なっていた。この感情管理がうまくいかず、怒りにまかせて新人を無視したり、コンパニオンらしく愛想よく振る舞うというやる気の感情を新人から引き出せず、再度新人が怠業してしまった場合には、ベテランコンパニオンの管理監督能力の低さが問われ、雇用の継続が危ぶまれる。そうして、ベテランたちは、家電量販店Z社員から理不尽な怒りを向けられたとしても、雇用の継続のために怒りの感情を管理しながら、X社との契約内容と異なる職務の要請も全うしていくこととなる。

7　「明るく笑顔で！」という感情管理

コンパニオン同士の間では、頻繁に笑顔や声のトーン、姿勢の出来に関する話がされる。コンパニオンの労働時間は、基本的に八時間である。つまり、売り場に立っている八時間もの間、コンパニオンは常に笑顔で姿勢良く立っていなければならない。さらに、客寄せのために明るくな楽しそうな声も出していかなければならない。姿勢を正して笑顔を作り、明るく楽しそうな声を出すことは感情のみならず肉体的にも疲弊する労働である。

初めて（コンパニオンとして）働いた時、こんなに笑顔でいるのが辛いなんて思わなかった。みんな笑顔でいるから、自然と笑顔になる仕事だって思ってたけどとんでもない。笑顔って作るんですよね。もう口角上げっぱなしでいたら、初日終わった後、顔が筋肉痛になっててビックリしました（笑）。［イベントコンパニオンMさん、二〇一一年三月一一日］

普通楽しいときに人って笑うもんなのに、この仕事って楽しくなくてもずっと笑顔でしょ？　今は作り笑いもなれたけど、最初は何を思い浮かべて笑顔を作るか考えて大変でした。でも、思い浮かべて笑顔になれることってないんですよね（苦笑）。思い出し笑いになるから、にやけ顔になってキモイ顔になっちゃう。お客さんと話して笑ったり、子ども見て笑ったりとかはありますけど、何もない状態で笑顔はしんどい。客もいない状況で笑顔なんて、誰のために？　って感じだし。まぁ、店舗社員さんに「仕事してますアピール」のために、笑顔作るんですけど。とにかく家で鏡見て、笑顔の練習してます。［イベントコンパニオンNさん、二〇一一年四月九日］

私、猫背だから、意識しておかないとすぐ姿勢が悪くなるんです。勤務時間の最初の方は意識してるからシュッと（背中を伸ばして）立ってられるんですけど、時間が経つにつれて元に戻っちゃう。気を抜いてる時に売り場の鏡に映った自分を見たら、やっぱり猫背になってるし。それに背中伸ばして立つと次の日背中が筋肉痛で辛いんです。だから、普段から姿勢を正そうと思って背筋やって鍛えてます。あと、家の姿見で姿勢チェックしたり、外歩いてる時に鏡とかガラスに映った自分見たりして。ナルシストかって感じですけど、仕事のため。これってもう肉体労働ですよね。［イベントコンパニオンTさん、二〇一一年四月二九日］

声が暗いって言われたんです。何回か注意受けて、あれこれやってみて気づいたんですけど、声の高さですよね。よく電話で喋ると自然と声の高さが上がるじゃないですか？あんな感じで声を上げてかないといけないんですよね。電話じゃ自然と声が高くなるのに、意識してやるってかなりしんどい。家で密かに自主練しましたよ。［イベントコンパニオンVさん、二〇一一年九月三日］

彼女たちはコンパニオンとして必要な「明るく元気で楽しそう」な印象を演出するために、勤務終了後、自宅で練習を重ねることで「コンパニオンらしさ」を体得していく。

彼女たちの笑顔、姿勢、声の状態については、「笑顔忘れてるよ！」、「笑顔疲れてる（笑）。笑顔、笑顔！」、「猫背、猫背！」、「声がおちてる」、「声が元気なくしてる」といった具合に互いに注意しあうことで気づいていく。一方で売り場を離れると、コンパニオンの多くは、休憩中は体力を回復するために物静かで暗く無表情となっている。休憩中に他社の家電メーカーの応援販売員などから「休憩中と売り場で全然印象が違うね。売り場じゃ、すごい元気だし笑顔だからそういう人だと思ってたけど、実際は暗くてビックリした（笑）。それがプロの演技力だよね」などと言われるように、勤務中と勤務時間外の印象の落差が大きいほど、コンパニオンの「演技力」は高く評価されやすい。

ただし、Aランクのコンパニオンの場合、常にコンパニオンらしく明るく笑顔で元気な「演技」をし続けることが多い。「演技」をし続けるというより、明るく笑顔で元気であることが板についてしまって離れないといった方がよいだろう。派遣元社員Aさんから「明るく素直で元気な子」で「店舗社員から好かれること」といった指示が出ていることもあるが、Aランクのコンパニオンの場合、コンパニオンらしい振る舞いをし続けるだけの技能を持ち得ていることが挙げられる。また、Aランクのコンパニオンは、日常生活の中でもコンパニオンらしさを実践している。たとえば、人と話すときには非常にオーバーな表情をしたり、大きくうなずいてみたり、口角を上げ続けている。無意識のうちにやっていることから、コンパニオンの間で「この間プライベートで遠くから見たんだけど、振る舞いがいかにもコンパニオンだから一発でわかった」とからかわれたりする。一部のAランクのコンパニオンは、「からかわれてもステイタス」だと言う。

正直な話、コンパニオンって芸能人みたいな仕事じゃない？　人から見られる仕事だし、華やかなイメージあるでしょ？　だから芸能人じゃないけど、遠目からでもコンパニオンだって気づかれるってことはオーラがあるってことだと思う。他の女の子とは違うっていうか、人に注目されてしまう人っていうか。からかわれるのは褒め言葉、ステイタスってこと。それに、普段からコンパニオンらしく振る舞えてるってことは、もうコンパニオンになってるってことだから、仕事の依頼がこれからもくるんだろうなって思えて安心感がある。［イベントコンパニオンUさん、二〇一一年一〇月二二日］

その一方で、Aランクのコンパニオンの中には、「からかわれるうちはまだまだ」という者もいる。

コンパニオンの仕草とかが普段出るのは甘いよ。だって、仕事中とプライベートの区切りができてないってことじゃん？　プライベートまでコンパニオンらしくやってたら、男に勘違いされるよ（笑）。俺に気があるのかなとかね。安く見られるっていうのかなぁ。私、

そういう経験したことあって、オン・オフの切り替えができてプロだと思う。芸能人も舞台の上じゃオーラすごいのに、プライベートはオーラを消すって言うじゃんか？　それができてこそプロ。あと、休憩中もそんなに演技しなくていいのよ、本当は。誰がお偉いさんかっていう重要人物いるじゃない？　この人怒らせたらマズイ、機嫌とっといた方がいいような人。そういう人にだけコンパニオンらしく笑顔で明るく元気に振る舞っとけばいいわけで、他の人は適当（笑）。じゃないと誤解されてプライベートで遊ぼうって言い出す人いて、迷惑だもん。［イベントコンパニオンRさん、二〇一三年五月六日］

このように、コンパニオンにとって重要であるとされる「笑顔で元気で明るい子」といったパフォーマンスが日常的に板につくことで仕事の依頼がくると安心感が得られるという人がいる一方で、コンパニオンらしいパフォーマンスをとるべきなのは勤務時間中かつ仕事で関わる重要人物のみでよいと判断する者がいる。すると、コンパニオン同士の間で、「どちらがあるべきコンパニオン像であるか」という談義になって揉めることもある。

「他の女の子とは違うオーラがある」、「からかわれるのは褒め言葉、ステイタス」と自己を鼓舞することも、芸能人のように「プライベートはオーラを消す」、プロ意識に徹していると自己のプライドを保っていくことも、コンパニオンを続けていくために必要とされる感情管理なのである。

8　労働問題を潜在化させる感情労働と感情管理

本章でみてきたように、コンパニオンが様々な労働の場面で遭遇した問題やトラブルに対して、自分自身で感情管理をすることによって、彼女たちが抱える労働問題は社会問題として顕在化せずに、性格やスキルなど個人的な問題として潜在化させられていくことになる。コンパニオンが行なっている感情労働は、単に来店客に対してだけではなく、派遣元X社、派遣先Y社、家電量販店Zの社員に対してもなされているのである。そして、彼女たちがこうして全面的に感情管理を行なわざるをえないのは、自身が「雇い止め」にあわないようにするために他ならない。

けれども、それは、彼女たちの雇用が不安定であるからだけではないし、理不尽な客や、派遣元、派遣先、家電量販店Zの男性社員たちの個人的な資質に問題があるからだけでもない。図2で示したように、コンパニオンたちは、派遣元X社と日雇い派遣労働者として雇用関係にあるけれども、彼女たちに指示を出すのは、派遣元X社社員、派遣先Y社社員、家電量販店Z社員となっており、それぞれ違う指示がなされることも少なくない。派遣元、派遣先、イベント実施店の男性正社員たちは、自分が雇用されている会社から職務の指示を受ける形になっているけれども、それらの指示にもとづいてなされる各社員によるそれぞれの指示を、コンパニオンたちは一身に受ける立場にあるのだ。

図2　イベントコンパニオンの相関図

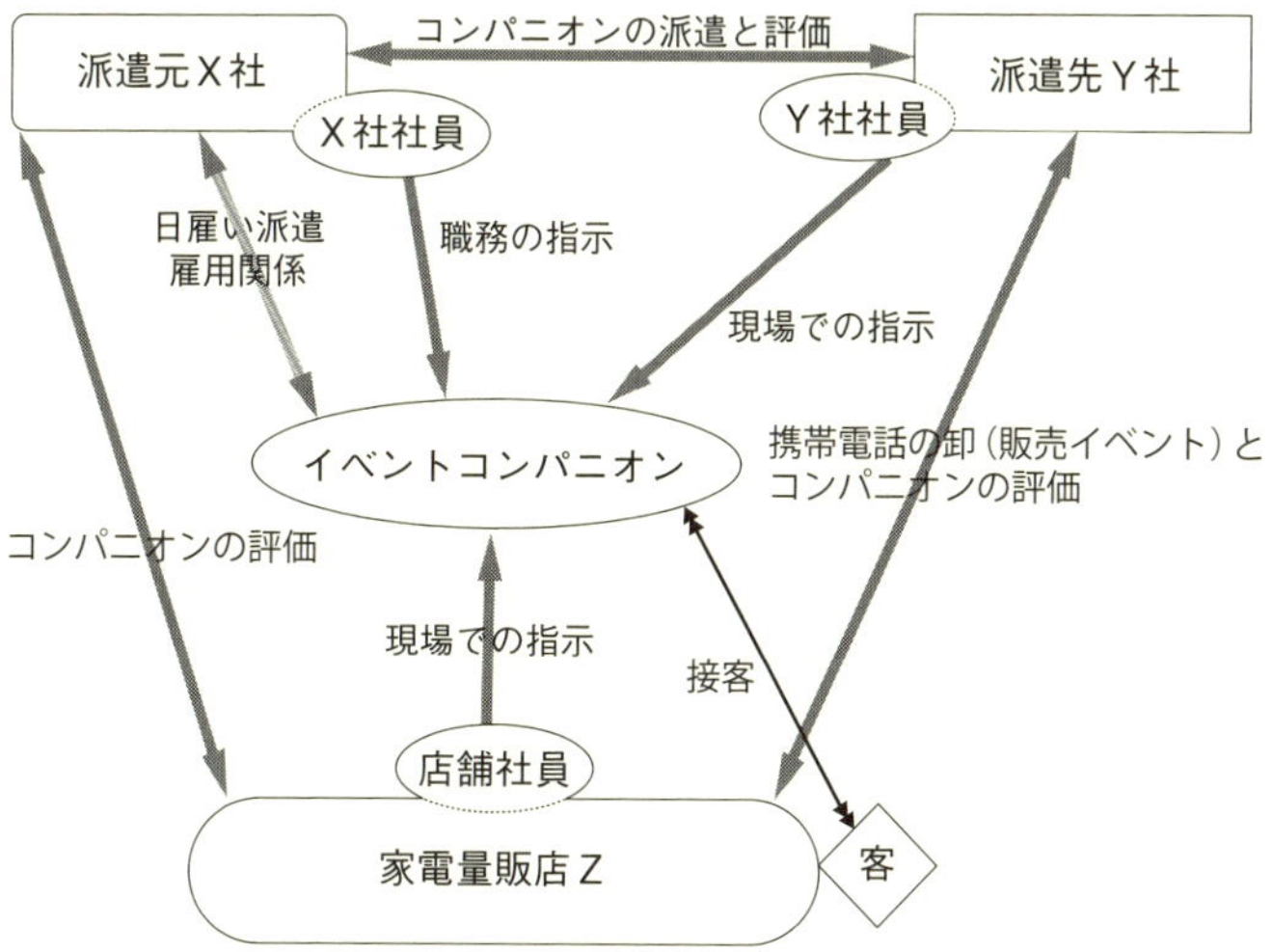

★1 日本でこれまでなされてきた感情労働に関する研究は、介護や看護師などのケアワークを事例としたものが多い［崎山、二〇〇五年：渋谷、二〇〇三年：武井、二〇〇六年など］。また、女性派遣労働者を取り上げた研究には、スキル（資格が必要なもの）に照準したものが多く［松浦、二〇〇九年：水野、二〇一一年ほか］、いずれも女性派遣労働者の感情労働に焦点を当てた研究は見あたらない。

★2 派遣元X社による研修に関しては、第2章でも記述しているので、参照されたい。

第4章　女性性の搾取をめぐる女同士の闘い

本章では、イベントコンパニオンの女性性をめぐるトラブルを事例に、いかに女性労働者の女性性が企業および資本に搾取されていくのか、女性労働者が自身の女性性をどのように受け止め、どのようにして労働力として提供しているのかについて考察する。

1　「セクハラは問題です！」という建前

私が家電量販店Zの各店舗でイベントコンパニオンとして勤務していくなかで、たびたび休憩室で次のようなポスターを見た。

セクハラは問題です！　女性労働者のみなさん、セクハラを受けていませんか？　セクハラに悩んでいませんか？　セクハラは労働者の人権を奪う行為です。セクハラに悩んでいる方は気軽に電話を下さい（電話の対応は女性が行うので安心してください）。匿名制なので通報者の人権を守ります。家電量販店Z本部◯◯部署　担当者△△　電話番号★1

このポスターは、休憩室の中でも食事をとる机の前やドアなど必ず誰しもが目にする位置に貼ってあるため、多くの労働者が一度は見ることになる。家電量販店Zでは休憩中の飲食は基本的に休憩室でとるように指示されているからだ。なかには家電メーカーの応援販売員などが昼食を飲食店にとりにいくケースもあるが、店舗全体から客が引いた時に小休憩として缶コーヒーやジュース、お菓子を食べる時には休憩室に入る。そのため、多くの労働者が「セクハラは問題です！」というポスターを目にしていると思われる。

家電量販店Zに雇用される女性労働者に「セクハラの被害を電話で相談する人っているんですかねぇ？」と聞いたところ、次のように話してくれた。

あのセクハラのポスター？　あれはここ（家電量販店Z）と（雇用）契約してる人（労働者）じゃないと使えない制度なんだけど、電話したらヤバイから誰も電話しないっていう全然意味ない制度なんよ（苦笑）。あそこ（ポスターを指さしながら）に匿名って書いてあるけど、どこの店舗の誰々って社員がこういうセクハラするって話さないといけなくて。それ聞いた本部はその社員に注意するんだけど、注意された男性社員は誰が通報したか想像つくわけよ。同じ店舗で働く女の人って少ないし、セクハラは大抵同じ人にしてるから誰が通報したかすぐわかる（苦笑）。そんでその後に注意された男性社員が通報した子に嫌がらせしたり、辞めさせるように圧力かけたりするんだって。だから誰も通報しない。居づらくなるのも嫌だし、それで辞めたら生活できなくなるし（苦笑）。男性社員も通報されないってわかってるからセクハラやってるよ。家電量販店Zが表向きで「（セクハラ対策を）やってます」って言ってるだけ。あんなしょうもないもん、意味ないわ。［家電量販店Zの女性労働者、二〇一一年一一月二七日］

私もイベントコンパニオンとして勤務する前までは、女性にセクハラをする男性は許せるものかと憤り、どうにかして女性の人権を守ることはできないかと考えていた。そして、まず性的嫌がらせにあった女性が企業や男性に対してセクハラは問題行為だと、気楽に声をあげていけるような社会になるべきではなかろうかとも思っていた。しかし、イベントコンパニオンとして勤務していくと、私の抱いていた女性の人権を守ろうという考えが、いかに浅はかなものであったかに気づく。なぜなら、後に詳述するが、派遣元X社のコンパニオンが、派遣元、派

遣先、家電量販店Zの男性正規労働者および男性客などといった「男性」を媒介として対立し、女性同士が分断されていく問題もみえてくるからだ。

コンパニオンは、労働力＝商品となるように一層美に磨きをかけようとプチ整形やエステ、ダイエット、永久脱毛などを行ない、笑顔を鏡の前で練習することで、華やかさやきらびやかさを演出するなど、自助努力をする者が多い。ゆえに、彼女たちは、その善し悪しは別として、美というある種の女性性に強いこだわりを抱いている女性と言えるだろう。けれども、彼女たちがこだわっている女性性は、男性から「性的な存在」としての視線をひくためだけの美ではないし、まして男性からセクハラ、ストーカー、盗撮を受けるための美などでは決してない。にもかかわらず、コンパニオンが直面したトラブルを、女友達や母親に話すと、「ミニスカート履くんだから盗撮されても仕方ないいんじゃない？」、「ミニスカート履かなくてもいい仕事あるのに、給料高い仕事を選んだんでしょう？」、「可愛いから盗撮、ストーカーされるっていう自慢？」、「条件が嫌なら違う仕事選べばいいじゃない。派遣でしょう？」と、あたかもコンパニオンという職を選択した自分に落ち度があるように言われてしまう、というのである。

コンパニオンという職に就いている女性への偏見が、社会的に存在していることは確かであるとしても、そうした偏見は、男性によるセクハラ、ストーカー、盗撮などを助長する一方で、コンパニオンでない女性はコンパニオンがこだわっている女性性を「男性から性的な存在として視線をひく」ものとしてだけみなしてしまっているのである。つまり、コンパニオンに限らず多くの女性が、ある種の女性性として美にいくらかのこだわりをもっているにもかかわらず、コンパニオンがこだわっている女性性を、多くの女性の視線ではなく男性の視線から位置づけてしてしまうことで、女性同士が分断されているのである。こうした、女性に対する男性の視線を媒介として女性同士が分断されていく問題に関して、コンパニオンという職に向けられる視線が孕んでいる問題性と、その視線に彼女たちが対抗していく場面に焦点をあて、検討する。

2　セクハラを利用する

私は家電量販店Zで勤務するなかで、来店客数が少なくノルマの達成が困難な日には、決まってある派遣先Y社社員から「突っ立ってるだけだとZ社員からサボりって怒られるから業務連絡のフリして雑談しようや」、「僕ら知り合ってどれくらいになるんだっけ？　付き合わない？　今度抱かせてよ。気持ちいいよぉ」と毎回言われ、辟易しながら愛想笑いで一日の勤務を終えることを繰り返していた。勤務終了後、私は共に勤務したコンパニオンから帰りの電車の中で「セクハラを利用する方法」として次のように言われた。

セクハラを利用する方法ありますよね。特に客がいなくて、携帯の接客もできないような時。客がいないからって突っ立てるだけだと、店舗の社員さんから「何しに来てるんだ、売るのが仕事だろ」って怒られるでしょ？　怒られるのもヤバイけど、時間が経たないのが一番しんどい。この間一緒に勤務した子は「時間が経たないのが辛いから辞める」って言ってて、本当に辞めてた。その日は本当に客がいないから突っ立っとくしかなくて。もう一時間経ったかなって時計見たら、まだ二〇分しか経ってなくて、休憩まであと二時間もあるじゃんってガッカリ。でも何かやってたら、三〇分しか過ぎてないだろうと思っててても実は一時間経っててラッキーって思うことあるじゃないですか。だから、客がいないときに社員さんたちと怠業してないフリをするのに業務連絡の格好で下ネタ話するんです。社員さんって、下ネタばっかりしてくるでしょ。私は下ネタ好きだから、他の子からしたらセクハラでも全然嫌じゃない。だから、社員さんの下ネタにのっかっていかに笑わずに真面目な顔して言い合うかって遊ぶんです。そうやって面白話をしてたらあっという間に時間は過ぎる。うまくさぼるためには「セクハラ、下ネタ、カモン」ですよ（笑）。だから、今日田中さん、ラッキーって思わなかったですか？［イベントコンパニオンAさん、二〇一二年一二月一五日］

私が共に勤務したBさんは、派遣先Y社社員と私が「抱かせてよ」、「絶対イヤ。彼女いるんだから大事にしてあげないと」、「彼女はどうでもいいんだよ。もうさ、この寒い時期、一緒に抱き合って寝ようよ」と話していたのを聞いたと言う。私が「しつこくて本気でイラッとくる。知らないうちに真後ろに立ってるし。でも、そばにいてくれたら接客で困った時にすぐフォローしてくれるからきつく言えなくて困る。男としては最低だけど」と話したところ、Bさんは次のように力説した。

セクハラされても全っ然腹立たないですよ。自分には女として魅力があるんだって思う。コンパニオンって、やっぱり可愛かったり綺麗だったり、何か女として勝ってる人がやるべき仕事だと思うんですよね。一緒に働いた子に、セクハラ受けたことあるか、盗撮された経験あるか、ナンパされたことあるかって聞くんです。そしたら、そういう経験ある子は、やっぱり顔が可愛かったり綺麗な子で、顔は微妙でも雰囲気が女の子らしくて可愛いなって思うような子。だから、やっぱりセクハラとかそういうのって、男の人からすると魅力があって、女として勝ってる証拠だと思うんですよね。それに可愛くない子とか微妙な子って、接客で困った時とかあまり社員さんが助けてあげてないじゃないですか。でも、女として勝ってる子たちには、接客の引き継ぎを嫌がらずに進んでやってあげてたり、休憩も多めにあげたりしてる。それ見てると、セクハラされたりするのはいい女で優しくされる価値のある子ってことだと思って、もっとセクハラされてチヤホヤ優しくされるようないい女になろうって。いまナチュラルな媚びの売り方を研究中なんです（笑）。セクハラされたって楽に働けるんだし、いい女の仲間入りの証明って考えたら良い気分ですよね？　男を手玉にとりたいですよ。［イベントコンパニオンBさん、二〇一二年一二月二二日］

Cさんは、私が勤務中に派遣先Y社社員から「次の時、〇県出張できる？　出張できたら指名入れるから。バンバン稼いで」と言われていたのを聞いたと言う。また、イライラした口調で「田中さんはいいですよね。Y社社員さんといっぱい話してたから、自分、今日ずっと接客してたんですよ。指名されるとかマジで羨ましい」と言うため、私が「接客ずっとさせてゴメンね。でも、Y社社員と一緒にいたら下ネタのオンパレードって、（Cさんは）二年毎週ずっと働いてたらわかってんでしょう？　出張行ってホテルの部屋飲みに誘われて断れない雰囲気作ってくるから怖いじゃん。セクハラもいいところよ」と話したところ、次のように言われた。

でも男性社員と話をしてると他の子から羨ましそうな顔されるから、正直気持ちいい（笑）。私と話す回数が多くて、もう一人が少ないってことは、私の方が魅力あるってことでしょ？　そんなときは優越感ですよ。話は大抵エロイ話ですけど、適当に相づち打ってれば暇な時でも時間が早く経つし、サボりたい時とか逆にこっちから話しかけたりして。仲良くなれば、業務依頼増える可能性高くなるっていうでしょ？　だから、もう一人の子より多く話すようにして、自分の方が一緒に働くのに楽しいイメージをもってもらおうみたいな。エロイ話がセクハラかどうかなんか関係ないですよ。キャンギャルとして自分の方がいいって思ってもらって仕事獲れたら、もうそれでチャラだから。セクハラを逆に利用しちゃえばこっちのもん。［イベントコンパニオンCさん、二〇一二年一二月二三日］

このように、コンパニオンの中には仕事がしやすいように、また、仕事の依頼を獲得するために、セクハラを好意的に受け入れるとともにセクハラに自ら荷担する者がいる。また、彼女たちはセクハラを他のコンパニオンよりも女として勝っているという証明として位置づけることで、自分が特別な存在であると優越感を抱いていた。

3　「セクハラされたい」

私がDさんと共に勤務した店舗は、盗撮する客が来店することと、家電量販店Zの社員、家電メーカー社員、派遣先Y社社員のなかでも性的発言を多くする者がいることで、コンパニオンの間でも有名であった。Dさんはその店舗で勤務経験がなかったが、私は勤務経験があったために盗撮する客や性的発言をする特定の社員を知っていた。そのため、衣装に着替える勤務開始前の更衣室で、Dさんに「盗撮する客が来たら教えるね。ここの店舗は盗撮（客）が来たらトイレに逃げていいことになってるから安心して。それから、しつこくナンパしてきたり下ネタ言ってくる社員さんがいるからそれも後で教えるから。ここの社員にストーカーされた子がいて、みんな（コンパニオン）の間で情報共有しておこうってなっててさ」と話したところ、次のようにDさんは話した。

もう一年くらい勤務しているんですが、一度もセクハラとか盗撮を受けたことないんです。結構、社員さんたちからナンパとかご飯誘われたり、勤務中に社員さんと世間話っていうかセクハラっぽい話をしてる子いるじゃないですか。あと、男のお客さんから盗撮される子とかもいますよね。私は一度もないんです。社員さん、一応話しかけてはくれるんですけどほんのちょっとだけで、あとはもう一人の子とばかり話をしてて。何か除け者にされてる気分になっちゃうんですよね。一日ひとりぼっちで勤務してる感じ。だから、困った時に社員さんに助けて欲しくても、もう一人の子と話をしてるから割って入れなくて、自分で何とかしないとダメ。それに一人でいると時間経たないし、かなり辛いです。私、つまんないんですかね。話が面白くないのかな。〔中略〕あと、（私は）そんな可愛くないから私よりもう一人の可愛い子と話したいのかなって思ったりして。私が男だったら、やっぱり可愛い子とか綺麗な子と話したいって思うし。何ていうか、女として魅力がないってことなのかなって落ち込みます。ナンパされたり、盗撮されたりするのは、可愛いかったり綺麗な人だからだと思う。それに、助けてもらえてるのもそういう人たち。正直、羨ましいです。私もそんなふうになりたい。除け者は辛いからセクハラでもどんなでもいい、相手にしてもらいたいです。［イベントコンパニオンDさん、二〇一二年一二月一日］

私はEさんがBランクに上がるまで、私が勤務できる週は教育係として共に勤務していた。派遣元X社社員のAさんによると、EさんはBランクに上がる八回以上の勤務を経験していたが、接客が下手であったためノルマの半分を売上げられたらBランクに上げると設定したという。そんななか、Eさんは私が欠勤の時は違うベテランのコンパニオンと勤務することになっていたのだが、私が欠勤している間に風邪を引いてこじらせ、勤務当日になって急遽欠勤することが続いていた。私はEさんが欠勤の際は一人で勤務し、Eさんの分も含めた二人分の販売ノルマが課せられたため、Eさんが早く出勤できるよう体調が回復することを待ち望んでいた。ようやくEさんと一緒に勤務することができた日に、店舗へ向かうタクシーの中でEさんから「私のノルマ分まで売ってくれてたって（派遣元社員）Aさんから聞きました。すみませんでした」と謝られた。私は「体調大丈夫？　風邪こじらせたら大変だから、しんどかったらいつでも言って。休憩入れるから。Eさんに休まれると二人分売るのはかなりしんどいしね（笑）。早く元気になって！」と話すと、Eさんは突如鬱憤を晴らすかのように次のように話し出した。

田中さんが欠勤されてた間、他のベテランさんと勤務してたんですけど、私ずっとひとりぼっちだったんですよ。ベテランの方、男性社員の方とエッチな話してて、聞いてるこっちが赤面するような内容だったんです。セクハラですよね。でもセクハラっていってても、いいなぁって思います。楽しそうに見えるもん、話してるところ見たら。あと、機種のこととかいろいろ教えてもらったりしてるじゃないですか。私、社員さんと親しくないから話しかけにくくて機種のこと聞けないんですよ。聞いて「そんなことも知らないのか」って言われるのが怖いし、前にそう言われたことあって。だから、楽しくおしゃべりして、何でも聞けていいなぁって。私も話しかけて欲しいなぁ、認めて欲しいなぁって思うし。やっぱり明るい子とか可愛い感じの子が仲良く話してるから、私もそんなふうにならないと難しいんですかね？　でも、明るくってどうやっていいのかわかんないから。〔中略〕大体この間一緒に勤務したベテランの方、そんなに売上げ台数伸ばしてないんですよ。だから、何でこの人が私の教育係なんだろうってイラッときちゃって。それに、お客さんいないと接客できないから、声を張り上げて客寄せするしかないじゃないですか。それで私は必死で声出してるのに、もう一人の子は社員さんと笑っててサボってる。腹立ちますよ、何であのベテランさんはサボれて、私は仕事やらないといけないんだって。こっちは声からしてまでやってんのに、不平等じゃんって。それでこの間喉痛めて風邪引いて、田中さんと一緒の勤務だった先々週からずっと欠勤してたんです。一緒に勤務する当日に休んで迷惑かけてすみません。何ていうか……だから、楽しく仕事できてサボれるならセクハラされたいです。羨ましい。休んでる間、このことをずっと考えてたんです。［イベントコンパニオンEさん、二〇一二年一二月二日］

このようにコンパニオンの中にはセクハラを受けた自覚がなく、セクハラの対価として自分が得をする、楽をすることを考慮しつつ、「セクハラを受けたい」とまで言う者が少なからず存在する。

コンパニオンの勤務時間は一日八時間であるために、客がおらずに接客できない場合は、客がイベントコーナーに来るまで延々と声を張り上げて、イベントを行なっていることをアピールするしかない。呼び込みで何時間も声を張り上げることは非常に喉に負担がかかるために、一日の勤務で声がかれてしまうケースが多々ある。そうして喉を痛めた結果、風邪を引きやすくなり、毎週勤務することが困難になる場合もみられる。そのため彼女たちは、共に勤務するもう一人のコンパニオンがセクハラなどのかたちで雑談をしてサボっているのを見ると、なぜ自分だけが声を張り上げているのかと腹が立ち、セクハラを受けて楽をしたいと思ってしまうのだ。

また、八時間勤務の中、客以外の人とコミュニケーションをとらずに一人で接客を続けるのは非常に苦痛を伴う。わからないことがあったとしても、派遣先Y社社員がもう一人のコンパニオンと楽しく雑談をしていればいるほど、その会話のなかに割って入って訊ねることに気兼ねしてしまう。そのため、社員に聞けばすぐにわかることであっても、自分のあやふやな知識で対処しなければならず、正しい情報を客に提供できたか否かという不安を抱えることとなり、そのような誰も助けてくれない状況から孤独感や疎外感を抱くことで、より精神的負荷が重くのしかかる。それゆえに、セクハラを経験したことのないコンパニオンは、セクハラを受けてでも楽しく楽に仕事をしたい、と言うのである。そして、彼女たちは、セクハラを受けないのは自分に女性としての魅力（容姿の可愛さや綺麗さ、女の子らしい雰囲気、仕草、明るさなど）が欠けているからだと自分を責めていく者さえいる。もちろん、このようなセクハラを受けたいと考えるコンパニオンとは逆に、セクハラを受けた自分自身を責めるコンパニオンもいる。

4　「セクハラって何？」

私が更衣室で休憩中、先に休憩を取っていたセクハラを受けた経験のあるコンパニオンとセクハラを受けたことがないというコンパニオンが以下のような会話をしていた。

Fさん　社員さんから「今度デートしよう」って言われて、「どこ行くんですか」って言ったら、「大人なんだから言わなくてもわかるでしょう」だって。それって、ラブホ（ラブホテル）かと思ってさ、「もしかして」って言ったら、「そう」だって。「それは無理ですよ」って言ったんだけど、「いいじゃん、行こうよ」って。ありえないじゃん。そっから、もうどんな体位が好きか、男のあそこは大きいのが好きかとか聞かれてさ、もう答えられなかったよ。ありえない。あの人ともう勤務したくない。

Gさん　それって、Fちゃんが可愛いから言われるんじゃん。褒められてるんだよ。私なんか社員さんからそんなこと言われたことないしさぁ、いいじゃん。気にすることないよ。それだけ可愛いってことなんだから。羨ましい。Fちゃん、他の社員さんからも結構話しかけられてるじゃんか。やっぱり可愛いからだよ。逆に、何もそういうこと言われないのって結局女として見られてないってことじゃん。それ考えたら、言われるってすごいよ。

Fさん　そうなのかなぁ。軽い女って見られてるんじゃないかって思うけど。

Gさん　違うよ、可愛いからだって。Fちゃん、男の客つかまえるのうまいじゃん。それって絶対可愛いからだよ。他の子たち、Fちゃんがコンパニオンの中だと一番可愛いって言ってて、Fちゃんのメイクとかスタイルがいいからダイエットしようって真似してる子いるよ。憧れるって。

Fさん　んー……可愛いって思われるのは嬉しいことだけど……。

Gさん　うん。可愛いよ。他の子より全然可愛い。たまにいるじゃん、何でこんな子がコンパニオンやってんのかわかんない子。綺麗でもないし、可愛くもないし、何でって思う子。やっぱり、ああいう子は客つかまえるのが下手だし、客がコソコソ「何であれがコンパニオンなの？」って言ってるの聞いたことあるし。社員さんもそんなに話しかけてないしね。だから、Fちゃんが可愛いからだって、絶対。それに、仕草も女の子っぽいしさぁ。女として認められてる証拠だよ、仕方がないって。

Fさん　そっかぁ……女として認められてることだと思ったら元気でた。そもそもタイプじゃないとそんなこと言ったりしないかぁ。そっかぁ、そういうことかぁ（笑）。

［イベントコンパニオンFさん、Gさん、二〇一二年一一月二四日］

そうして二人は私に笑顔で「行ってきまーす」と言い、売り場へ戻っていった。

このようにコンパニオンの間では、セクハラに拒否反応を示していた者が共に勤務する者から「（セクハラは）女として認められてる証拠」だから「仕方がない」と励まされることで、セクハラを受けるのは、男性や女性から見ても非常に女性としての魅力があるからだと意味づけし直し、結果として、セクハラを受け入れてしまう場面が多々ある。この励ます側の者は、セクハラをされたことにショックを受けた者を癒やそうとして意図的に「女性としての魅力があるから仕方がない」と発言するケースもあるが、そもそもセクハラ自体に気づいていないか、知らないために褒め称えるケースもある。

私が休憩中に、派遣元X社のコンパニオンが勤務中に家電量販店Zにいる男性社員から受けたセクハラについて会話していた内容を以下に再現する。

Hさん　よくさぁ、ミニスカの下に何を履いてるのかって聞かれて、毎回スパッツって答えるの面倒じゃない？　すんごい聞かれるから、男の人ってミニスカの中がどうなってるのか気になるもんらしいよ。今日も聞かれて答えたらさぁ、「パンツじゃないの？　何だよ」ってメッチャがっかりされたんだけど。まぁ、自分が男だったら可愛い子のパンツ見たくもなるかって納得した。パンツだと思って見たのにパンツじゃなかったらガッカリするのわかるしね。

Iさん　確かに可愛い子のパンツだったら見たいと思うかもしんないけどさぁ、それってセクハラで人権侵害じゃね？　その社員、どの人？　マジでキモイからどんな人か覚えて避けるわぁ。

Hさん　えっ、これセクハラなの？

Iさん　だって普通、初対面の相手にミニスカの中に何履いてるか聞く？　自分より上の立場だからって職権乱用して聞いてるとしか思えなくない？　キモイわぁ。

Hさん あぁ、そっかぁ。でも自分もコンパニオンやるまでさぁ、あんな短いミニスカで下はパンツなんかなぁって、どんなふうになってんのかって不思議でさぁ。だから、男だったらもっと気になるから聞くんだろうなって。セクハラってそういうことかぁ。でも、正直あんましピンとこないんだけど、可愛かったら男ってちょっかい出したいもんじゃんか。別に私が可愛いとかって意味じゃないよ。こう、何ていうか単純に可愛い子いたら何か話しかけたくて、小学生がいたずらするみたいに、何かのきっかけ作りでそういう話をしてくるのもあるじゃん。だからさぁ、別にセクハラでもなくない？　子どもみたいな可愛い社員さんだなと思ったけど。やっぱセクハラとか、ようわからん。

Iさん まぁ、セクハラって思わなかったらセクハラじゃないからいいんじゃゃない？　大体この仕事してたら毎回そういう話されるし、いちいち腹立ててたら身がもたないしさ。この間、彼氏に「ミニスカ履いて男に媚びうるような仕事は辞めろ、俺の女だろ」って喧嘩になってさぁ、「ファミレスのバイトでもミニスカ履いて笑顔でおすすめメニュー紹介したり、客のいいなりで働いてんだから同じ」って言ったんだけど通じなかったよ。まぁ、彼氏が嫌がるみたいに、これって女売る仕事なわけじゃん。だから彼氏みたいに、他の男もコンパニオンはセクハラされてOKな存在って思ってんだと思う。セクハラに気づかないっていうか麻痺してわかんなくなる方が楽よ。そのままいった方がいいよ。

Hさん そんなことあったん？　でもさ、それって彼氏にメッチャ愛されてる証拠じゃん？　私もこの仕事で焼きもちやかれるような人と付き合いたい。他の男に媚びうるなとか言われてみたいよ、俺だけに笑顔見せろ的な感じ？　独占したいってことじゃん。女として大事にされてるんだから羨ましい。

Iさん　ってかさ、笑顔見せない仕事なくない？　うちが看護師になったら、（彼氏が）ナース服で笑顔見せんなとか言ってきそうで怖いわ。コスプレをイメージすんのか知らんけど。笑顔のない看護師なんてありえんじゃんか。接客とかだと、マジで笑顔作らんでいいやつなんかないし、彼氏がバカすぎる。女として大事にされてると思えたらいいんだろうけど、うちの彼氏の場合、そうは思えんわぁ。〇ちゃんって子いるじゃん。あの子も彼氏とうちと同じことで喧嘩したんだって。セクハラ受けたってショックで話したら、辞めろ、そんな仕事するからだって言われたらしくてさぁ、慰めて欲しいだけなのに怒られて余計ショックだったらしいよ。別れようかなぁって言ってた。うちも別れた方がいいんかなって思ったりするけど。男のいいなりってか、セクハラって気づかん方がいいのかもねぇ。

Hさん　別れるとか、そんなことになるんだ。危険じゃん。（セクハラだと）わからん方がいいじゃん。うち、この話聞かんかったことにする（笑）。

［イベントコンパニオンHさん、Iさん、二〇一二年一二月二二日］

また私は初勤務のJさんとペアで勤務したところ、私が接客している最中にJさんは派遣先

Y社社員と会話していた。私が接客を終わると、突然Jさんは顔と耳を赤らめた状態で私のもとに駆け寄り、次のような質問を投げかけた。

「彼氏いる？」って聞かれて「いる」って答えたら、いつエッチしたか聞かれたんですよ。気持ち悪いし、でも上の人だし、これ答えないと仕事に何か問題でるのかなぁ、どうしようって戸惑ってたら「これってセクハラかな？」って聞かれて。立て続けに質問されて何て答えようと混乱してたら、「セクハラはセクハラだって思わないとセクハラにならないからね」って笑われたんです。どういうことなんでしょうか？　セクハラって言葉は聞いたことあるけど、本当のところよく意味がわかってないんです……。笑われたのって馬鹿にされたってことなのかなぁ。あんまし、深刻に考えることもないのかなぁ。私、頭よくないし、難しいこと考えたくないから気にしないことにします。何か面倒臭くなってきました。すみません。［イベントコンパニオンJさん、二〇一二年一〇月二一日］

このように、セクハラをセクハラだと気づいていない、もしくはセクハラが何であるかわかっていない者がいる。先にあげたセクハラについて話していた彼女たちの間では、一方がセクハラだと言い、もう一方ではセクハラではないと話していた。最終的にセクハラだと述べた者は、この仕事はセクハラを受ける仕事であるから、いちいち腹を立てていたら身がもたないし、彼氏と喧嘩するきっかけになる話題でもあるからセクハラと気づかない方がいいかもと結論づけた。そして、セクハラに気づかず、もしくはセクハラを理解できない者は、セクハラをセクハラだと気づくことは「危険」であり、「わからん方がいい」と結論づけていた。

また、派遣先Y社社員からの性的発言を「気持ち悪いし、でも上の人だし、これに答えないと仕事に何か問題がでるのか」と悩んでいたJさんは、派遣先Y社社員から「これってセクハラかな？」、「セクハラだって思わないとセクハラにならないからね」と質問を重ねられたことで戸惑い、その様を笑われたことから、自分のセクハラに関する無知さに気づく。しかし、彼女は、セクハラが何であるのかを本当のところ意味がよくわかっていないため、笑われたのは馬鹿にされたのかと思いつつ、「深刻に考えることもないのかなぁ」、「私、頭よくないし、難しいこと考えたくないから気にしないことにします」と、セクハラについて考えることを止めてしまっていた。性的発言をセクハラか否か考えるのを面倒臭いから止めるという選択は、先のコンパニオンの「セクハラって気づかない方がいいかもね」という語りと同様に、コンパニオンとして勤務していくうえでの生き抜く知恵として考えられる。

この「生き抜く知恵」は、派遣元X社のコンパニオンのみに当てはまるものではない。私がイベント勤務時によく顔を合わせる、競合する他社の派遣会社のコンパニオン（他社のAランクのコンパニオン）と休憩が一緒になった時、彼女が「ねぇ、さっきY社の社員さんからデート誘われたよ（笑）。こりゃセクハラきたぞって思って、適当に笑って逃げてきちゃった。でも、自分とこの派遣先だと取引関係あるからパーッと逃げられないし。セクハラ我慢しないとね。この仕事って男がらみで面倒臭いよね。うちの子たち（Aランク以下のコンパニオン）がブーブー文句言ってて、なだめるの大変」と話しかけてきた。

私が「あの社員さんでしょ？　うちの一部の子（派遣元X社のコンパニオン）が下ネタひどいから対処してほしいって怒ってるんだけど、それ以外の子はセクハラを女として認められた証拠って喜んでる子もいるし、セクハラ自体わかってなかったり気づいてなかったりして、もうごちゃ混ぜよ。セクハラ受けたって子が他の子に話したりするじゃない？　そしたら相談受けた子たちが、陰で悪口言い出して大変。あの子はコンパニオンなのにブスなんだからそんなことはない、嘘をついてるって分裂しちゃって。なかには、そっちの（派遣）会社ならセクハラ対処してくれるんじゃないかって移りたいって言ってる子もいる状況よ。そっちはどう？　会社がセクハラに対処してくれたりとかある？」と聞いたところ、彼女は次のように言った。

セクハラって当たり前の業界だから怒ってもしょうがないよね。女を出す仕事なわけだから、セクハラする側もされる側も性的な話は了承済みみたいな感じで、会社からしたら嫌なら辞めろってことじゃん。それに、一人がセクハラだって言ったとしても、他の子がそう思わずに平気で楽しく勤務してたら、セクハラだって言った子の立場がないでしょ。一人だけヒステリックになってる、使いにくいって、その子が悪いことになっちゃう。そ

れに、見た目がそんな可愛くない子が「セクハラです、問題で訴える」って言ったらさ、「お前みたいなブサイクがセクハラだってギャーギャー騒ぐな、女扱いしてもらえたぶん、感謝しろ」とか「もっと可愛い子をセクハラするわ、思い上がりもいいところ」って、会社の人間だけじゃなくて女の子も言い出すから、余計ゴチャゴチャするし。実際そんなもんだよね。だから、うちの会社の子たちもX社の子と何も変わらなくて、結局セクハラをセクハラって気づかないことが一番楽に仕事できる条件になるんだよね。セクハラって腹立てても何も解決にならない。申し出れば業務依頼こなくなるしさ、腹を立てるぶん損するんだから、そもそも気づかない方が幸せ。気づいたとしても、それなりにその場をスルーするっていうか、そうしないとやっていけない業界だから、結局、セクハラを受け入れるかたちになるよね。セクハラだって気づいて腹立っても（受け入れるしかない）。〔中略〕うちの子たちも、セクハラ自体気づいてないっていうか、セクハラされて喜んでるような子いるよ。女として認められたって（笑）。そんな子が向いてるのかも。セクハラを訴えようとする子は結局退社していなくなってるよ。接客スキルも必要だけど、コンパニオンに向いてるのはセクハラだって気づかない馬鹿な子かなぁ。それが結局生き抜く手段になるんだから。［派遣元X社と競合する派遣会社の携帯電話販促の日雇い派遣コンパニオン、二〇一二年一〇月二一日］

コンパニオンという職に就く限り、コンパニオンはセクハラをしてもよい存在として男性社員らから位置づけられているとともに、一部のコンパニオンも「女を出す仕事」ゆえにセクハラを受けざるをえない、セクハラは仕方ないことであり、なくならないと自覚して受け入れている。また、セクハラ自体に気づかず、男性社員と楽しく談笑しながら勤務している者もいる。そのため、彼女たちはコンパニオンという職を手放さずして生き抜く手段かつ知恵として、セクハラだと気づいていない者はもちろんのこと、セクハラと気づき問題だと思っていたとしても訴え出ることは、ほぼないのである。

5 セクハラで副収入

派遣元X社のコンパニオンのなかには、X社の男性社員のセクハラをプライベートで自分の都合のよいように利用する者もいる。そのような話は、コンパニオンの間で噂話として流れるとともに、実際に本人が語るケースもあった。

私が勤務年数一年のKさんと勤務した際、帰宅時の電車の中で日給の相談を受けた。一年も勤務しているにもかかわらず日給一万円となっており、どうすれば募集要項の一万二〇〇〇円になるのか教えてほしいということであった。私が「X社は勤務年数より売上げ目標台数をどれだけ達成するかをみてるみたい。一年働いてたら噂でランク付けがあるって知ってるよね？だからランク上げるしかないんじゃないかな」と話したところ、Kさんは突然小声かつ早口で次のように話しかけてきた。

噂だと、X社の社員さんのなかにはランク関係なく、お気に入りの子がいるそうなんですよ。お気に入りの子は三人でみんなBランクなんですけど、みんなそれぞれ誕生日にシャネル、グッチ、（ルイ）ヴィトンの財布のどれかを貰ってて、あとスマホの新機種も定期的に貰ってるんですって。別にプライベートで何か貰うのは業務に関係ないからどうでもいいけど、すんごい腹が立つのが交通費を架空請求して毎月何万も多く振り込まれてるそうなんですよね。ある子は、トータルで一〇万近く交通費で儲かったって言ってて。私たちって、出張行く時は交通機関使って立て替えた分を請求するじゃないですか？でも、その子たちって、社員に車で送迎されてるから交通費タダなんです。会社は車で送迎してるって知らないらしいのと、そもそも会社の規定で特定の子をひいきしたり、派遣スタッフとの恋愛は禁止にしてるそうなんですね。だから、その社員さんが車の送迎がばれないように、交通機関使ったことの証拠として架空請求してくれって言うんですって。ありえないでしょ？　他に誰がそういうことされてるのか調べてるんです。だって、同じ店舗で働いてるのにそんなに待遇違ったら腹立ちますもん。それに、その子たち、そんな売ってるわけじゃないし、可愛いってわけでもなくて、女使ってただ媚び売りまくってるだけ。一緒に勤務なんかしたくない。仕事のやる気がなくなる。［イベントコンパニオンKさん、二〇一二年六月九日］

私が出張先で共に勤務したLさんは、三年勤務しているBランクのコンパニオンである。勤務終了後、出張先ということもあり彼女と一緒に食事に出かけた。Lさんが「今日は（派遣先）Y社社員さんからご飯と部屋飲みに誘われなくて助かりましたね。Y社の人がおごってくれないかわり、ご飯代自腹になるのがちょっとイヤだけど（苦笑）」と言い、私が「確かに出張って交通費の立て替えにご飯代とか考えると結構な額になるからしんどいよね」と話した。すると、Lさんは次のように話し始めた。

噂で、〇さんと△さんって社員のお気に入りらしいんですよ。お気に入りになると、携帯の新機種が定期的にプレゼントされたり、車の送迎があって、出張先だとご飯もおごってもらえるとか。車の送迎なんか交通費かかんないのに、会社にばれたらひいきしてるって問題になるから架空請求させてて、ご飯代も出張手当つかわなくて済むからそのお金も浮く。あと、機種だって、自分たちは新機種を知るために買ったり、わざわざ携帯ショップに客のフリして行って勉強するのに、それもしなくていい。もう不公平ですよね。私たちは、交通費立て替えのうえに、ご飯代なんか出張手当でなんとかして、機種も自分でなんとかしてるのに。マジ、ありえない。女使って媚び売りまくるとか気持ち悪いし、絶対性格悪い女ですよ。同じ仕事やってんのに、そんなふうに差があるとか馬鹿らしくてやってらんない。無視無視無視。［イベントコンパニオンLさん、二〇一二年六月一六日］

このように、派遣元X社の社員によって気に入られたコンパニオンは車での送迎が会社に内緒で行なわれており、交通費の架空請求によって収入を多く得られたり、携帯電話の新機種もプレゼントされるなど、「副収入」を獲得する者がいる。一方、それに気づいた者たちの中には、「副収入」を得ている者に対して、苛立ち、無視をする者も出てくるが、他方で、それをうらやましがるコンパニオンも現れてくる。

私が勤務年数一年半でBランクのMさんと出張先から帰るバスを待っていたところ、Mさんが売上げ目標台数に届かず「自爆」した経験を話し出した。私が「自爆って結構な額するんじゃないの？」と話したところ、Mさんは「そうなんですよね。自爆にご飯代に交通費って、本当に頭痛くなります。でも、誰かは言えないけど待遇よくする裏技を教えてもらったので、それで挽回しようと思うんですよ。っていっても、噂の噂で教えてもらったから本当かどうかはわからないんですけどね」と述べた。「待遇よくする裏技」の内容は以下であった。

△さんたちみたいにお気に入りになれば、交通費とか儲かって、機種も貰えるらしいんですよ。ご飯代も浮くし、すごいよくないですか？　浮いた交通費分を日給に足して考えれば、仕事できるトップの人と同じ額になるんですって。私もそうなりたいです。だって、トップの人と同じちゃんとしたやり方で待遇よくしようとしたら、接客が上手で売上げ目標台数達成して、いろんな社員さんと仲良くなったりして、見た目も綺麗で可愛くてって、それは大変だし絶対無理。でも、△さんたちは接客下手で売ってないし、そんな売ってないのに、その社員さんに気に入られてるってだけで、裏でいろいろ待遇よくしてもらえてる。自分が待遇よくしようとしたら、△さんみたいにするしかないです。どんなテクニック使ってそうやって気に入られるようになったのか、これから△さんと仲良くなって教えて貰おうと思って。×ちゃんも私と同じ考えで、一緒に頑張ろうって（笑）。裏で待遇よくなるなら、媚びうるなんてへっちゃらですよ。［イベントコンパニオンMさん、二〇一二年六月三〇日］

この話のように、自分の待遇が正当な方法（売上げ目標台数の達成、接客スキルの向上、派遣先Y社や家電量販店Zの社員との親密な関係の構築）でこれ以上よくすることができない＝ランクを上げることができないと諦めている者たちのなかには、この噂を聞き、自分も派遣元X社社員のお気に入りとなって待遇をよくしてもらおうと、媚びを売って気に入られようとする者が出てく

る。

家電量販店の最寄り駅に停まる電車が一～二時間に一本しかなく、私とNさんは勤務開始の一時間半前に現地に到着してしまった。Nさんと店舗付近にあるファミリーレストランに行きドリンクバーで時間を潰していたところ、Nさんが「今日のメイクの出来はどうかな～」とテーブルにズラッと化粧道具を並べ、メイクの微修正をし始めた。私が「化粧ちゃんとしてて偉いよね。おまけに出勤したら衣装に着替えるのにちゃんと可愛い格好してるじゃん。私、もう化粧も格好もテキトーだからホント尊敬するよ。化粧する時間省いて寝たいし（笑）。こんなに女の子らしいと、いろんな男性社員から好かれて大変じゃない？　Nちゃんが一番男性社員から人気だとか、いろいろ噂で聞いたよ」と言ったところ、次のことを話し出した。

あぁ、私が「お気に入りの子」って噂出てるんですって？　ぶっちゃけ、そうなんです（笑）。誕生日プレゼントで鞄貰ったり、あとは定期的にプライベートでご飯おごってもらったり新機種貰ったりするかなぁ。あとは、交通費も架空請求ってやつで儲かってますねぇ（笑）。私たちってランクごとに日給違うじゃないですか。私はBランクなんですけど、Aランクの人と比較したら同じ時間働いてるのに五〇〇〇円も違う。確かにAランクの人はちゃんと実績出したりしてすごいなって思うけど、やっぱり五〇〇〇円違うって思うとやる気なくなっちゃう。だから（派遣元）X社の人に好かれて、交通費の架空請求でAランクの人より多く収入がもらえると、私が一番特別待遇されてるって思えるし、やる気もなくならないし、勝ったなって思う。どうやって親しくなったかっていうと、X社に出勤したら日給計算する勤務報告書を出さないとダメでしょ。みんなはファックスで提出してるみたいだけど、私はX社に夜に直接もって行くんですよ。そうすると社員さんに手渡しすることになるから、そこでいろいろ媚び売る。行くときの洋服は『CanCam』（雑誌）に載ってるようなモテ服にして、メイクもバッチリして。そんで、若い社員さんに「もう夜だからお腹空いちゃった。夜遅くまで仕事だとお腹空いて大変ですよね」とか気遣う感じのことを言うと、仕事終わった社員さんだったらご飯連れて行ってくれる。そんで、ご飯食べながら気があるフリして、携帯番号交換したりして（笑）。そうやってたら、今みたいな状況になりましたね。これは私の頭脳プレーですよ。女つかって得できるならつかわないと。男なんてチョロいんだから。［イベントコンパニオンNさん、二〇一二年七月一五日］

私と共に勤務したOさんは派遣元X社で勤務を始めて半年だったが、出勤日と出勤日の間隔が大きく開いているために、X社社員のAさんはまだ勤務経験の浅いコンパニオンとして判断していた。そのため、Aさんは私をOさんの教育係にし、私の出勤日にはペアで勤務することとしていた。勤務終了後、Oさんとバスで帰宅していたら「私、他の女の子たちから無視されるんです」と言う。私が「でも、Oさんは X社社員さんたちと仲いいんだから何か揉めた時には助けてもらえるんじゃない？」と言ったところ、「すごい仲よさそうに見えますか？（他のコンパニオンに）妬まれて無視されてるんですかね……？」と訊ねられた。私は噂でOさんが「お気に入りの子」になっていると聞いていたため、「給料上乗せされるお気に入りの子とかいるらしいけど、テクニックがいるらしいじゃない？　もしお気に入りの子に入ってるなら、それはそれで気にしなくていいんじゃないの？　他の子なんか、女つかって得してなんぼって言い切ってる子もいるし（笑）」と言ったところ、次のように語った。

「お気に入りの子」に私、入ってます。社員さんに気に入られたら多く日給もらえるって話を聞いて、ちょっとやってみようって思って（笑）。私の友達は気に入られるのに失敗したらしいんですけど、私は何かいけました。たまたま勤務報告書を会社にもって行ったら、ご飯誘われたんですよ。そんで、これが仲良くなるチャンスなのかもって思って、一緒にご飯行って相手の話をひたすらうなずいて聞いて、「すごい」って言ってたら、気に入られたっぽい。もともと私、夜のバイトでキャバクラやってたんです。でも、おじさん相手にいろいろ話すのが向いてないと気づいたから、この仕事に変えて。その時の経験が役に立ったのかな。キャバ（クラ）だと、他のよくしゃべる子と比べられてしまって、私はあまり話せない方だから暗い子って思われてたし、つまんないって言われることあったんですけど、店じゃない普通の飲み会とかならキャバの経験は通用するっていうか。

お酒とかご飯の注文をしてあげたり、あとは距離を比較的縮めて座って、相手の話をただひたすら聞きながら、適当にもちあげて。そうすればＯＫみたいな感じですかね。こんな時に夜の経験が使えるとは思わなくてビックリしたんですけど、そうやって女つかって給料多くもらえるならつかっとこうって。別に体触られるわけじゃないし、月に一回ご飯数時間付き合うだけで毎回日給多くもらえるんだから、正直なところ男を利用しようって私も思う。［イベントコンパニオンＯさん、二〇一二年七月二一日］

勤務年数二年半でＢランクのＰさんは電車に乗るなり、「姉さん（筆者）、マジ腹立つ話があるんですけど聞いてもらえます？」と言い出した。私はＰさんとそれまでに何度か勤務したことがあり、「姉さんって呼ぶのは尊敬できる人。あと信頼できる人かな。コンパニオンだと姉さん（筆者）しかいない。他の子は自分以下」ということであった。Ｐさんによると降車駅まであと四駅とのことで、とにかく急いで話を聞いてほしいということであった。私は驚きながら「何があったの？」と聞くと、「お気に入りの子の話、知ってますよね？　その話で、お気に入りになってる子たちが無視され続けて仕事やりにくくなってるんですよ。私がお気に（入りの子）って有名みたいで、いまメッチャはぶられて（仲間はずれにされて）るんです」と、次のように話し出した。

気に入られた子は給料が多く振り込まれてるって、気に入られてない子たちが文句言ってるでしょ？　ああいう子、バカだと思う。だって気に入られてない、あんたたちが悪いんじゃゃんって話。男が勝手に気に入って日給多く振り込んできたり、貢いできたりするんだから、こっちが悪いわけじゃない。男に言ってってって感じ。それに、気に入られてる子はやっぱり若くて可愛い感じの子が多いし、身振りも可愛いから、おまえらも可愛くなればって思う。嫌みで整形してるとかって噂流されてる子もいるっていうか実際に整形してる子は確かにいるけど、それも努力のうちじゃん。だから、悔しいんならやってみろって思う。こっちは気に入られるだけの魅力がある。それだけの話。気に入られてないのは魅力のない女ってこと。責めるなら、こっちじゃなくて自分を責めろって思う。うん、責めるなら自分とあと男の社員だよ。［イベントコンパニオンPさん、二〇一二年四月三〇日］

6　セクハラによって生じる女性同士の分断

このようにコンパニオンのなかには、日給格差に不満を抱える者が派遣元X社の男性社員とプライベートでの付き合いをもつことで、交通費の架空請求によって報酬を得たり、男性社員からプレゼントを貰って身の回りの品を揃えていったりする者たちがいた。これは、彼女たちが意図的に自分の女性としての魅力を男性社員に振りまき、その交換として本来なら得られない収入を得ていく構図となっていた。そのため、彼女たちは自分の女性としての魅力を男性社員らに搾取されることを拒むどころか、むしろ率先して搾取されることを望み、「男を利用しよう」としていく。また、仕事の依頼があまりこないコンパニオンのなかには、派遣元X社社員Aさんから「笑顔で明るく元気で素直ないい子」を演じることを要請されていることもあり、派遣先Y社や家電量販店Zの男性正社員から性的話題を振られてもその会話を嫌がらずに楽しみ、「仲良くなる」ことで、仕事の依頼を獲得しようと試みる者もいる。

そうしてコンパニオンの間で女性性の搾取をめぐる問題はより複雑化し、女性同士を分断していく。男性社員からのセクハラを受けることを嫌だと思うコンパニオンと、セクハラを受けることは女として気に入られている証拠だと捉え、むしろセクハラを受けることを望むコンパニオンとの間で軋轢が生じ、噂話で「女をつかっている」と非難する者と「女つかって得できるならつかわないと」と肯定する者との溝は、互いの非難によってより一層深まっていく。

コンパニオンという職について、女性性が搾取される労働なのだから、コンパニオンは女性性の搾取の不当性を異議申し立てすべきでないと考えているのは、男たち（＝盗撮する男性客、派遣元X社社員のAさん、派遣先Y社社員、家電量販店Z社員）だけではない。他の女性たちも同様である。コンパニオンが直面するトラブルを、女友達や母親に話すと、「ミニスカート履くんだから盗撮されても仕方ないんじゃない？」、「ミニスカート履かなくてもよい仕事あるのに、給料高い仕事を選んだんでしょう?」、「可愛いから盗撮、ストーカーされるっていう自慢?」、「条件が嫌なら違う仕事選べばいいじゃない。派遣でしょう?」と、あたかもコンパニオンという職を選択した自分に落ち度があるように言われる、という。また、コンパニオンという職に就いたことによって、母親から「女を売る仕事でしょう? やめなさい。みっともない」と叱られた者もいる。

彼女たちは「同じ女性であるならば理解してくれる」と思い相談したにもかかわらず、派遣先Y社社員や家電量販店Z社員、派遣元X社社員Aさんといった男たちと同じような価値観で、トラブルを個人的な問題として対処すべきだ、と言われるのである。つまり、「コンパニオンをやっている女性は、自分に女性としての魅力があると思って就いたのだから、盗撮であろうとストーカーであろうと、コンパニオン同士の嫌がらせであろうと、職業として織り込み済みの問題であるのだから受け入れるべきであり、それが嫌なら職業選択のミスで辞めてしまえばよい」ということなのだ。

こうした女性たちの、男性と同じ価値観にもとづいた反応に対して、コンパニオンは、しばしば互いに以下のような不満を言い合っている。

給料がいいんだからとか、可愛いんだからとか、そんなことで許される問題なんですか? みんな街中でミニスカ履いてて、盗撮されたら腹立ったり、警察呼んだりできるでしょう。でも、コンパニオンでミニスカ履いてて盗撮された場合は腹も立てられないし、警察も呼べないっておかしくないですか？　私たちの仕事は盗撮されたり、ストーカーされることじゃない。そんなストーカーとか盗撮するようなやつを野放しにしといたら、どこかで他の誰かがストーカーされたり盗撮されるかもしれんのに……。〔イベントコンパニオンCさん、二〇一二年三月四日〕

「ミニスカなんか履いてるから盗撮されるんだ」、「可愛いからストーカーされるんだ」という論理は、男性による女性支配の典型的なものである。つまり、コンパニオンが悩む性的犯罪に取り合わない女性たちも、ストーカーにあったコンパニオンに「女性として魅力があるってことなんだから我慢してもらえませんか？」と答えた派遣元X社社員のAさんも、盗撮の対処を求めたコンパニオンに「ミニスカ履く仕事ってわかってんでしょ？　給料が高いのも盗撮のリスクを含んでのことなんだから接客続けて」と命じた家電量販店Zの男性社員も同じ考えをもっているのである。また、一部のコンパニオンの「あの子は可愛いから盗撮されて羨ましい」、「セクハラは女として認められた証」などという受け止め方からも、男性の女性に対する期待（言うことを何でも受け入れる女、愛想のよい女、都合のいい女）を内在化し、体現しようとしている様がみえてくる。

ここで示した事例は、こうした男性の女性支配論理によって、女性同士が分断されていることを示している。このような女性同士の分断に付け込んで、男性による盗撮やストーカーやセクハラが行なわれ、女性が分断されることで労働問題や社会問題として顕在化せずに潜在化されていく。

★1　企業が特定されないように内容を一部変更してある。

終章　不当な労働状況に抗い続けるために

本章では、第1章から第4章までで明らかになった、日雇い派遣労働者である携帯電話販売促進イベントに従事するイベントコンパニオンと、派遣元X社、派遣先Y社、イベント実施店舗となる家電量販店Zの男性正規労働者の置かれている状況を踏まえながら、現代の労働市場における問題性について考察する。特に、彼女／彼らが直面する労働問題が、個人的問題＝自己責任として潜在化されていくことに焦点を当てて記述していく。そして最後に、こうした状況を変えるような労働運動や労働者の連帯が困難となっている現実について考察するとともに、今後の研究課題を提示する。

1　過酷で劣悪な労働環境において潜在化する問題

一人一台以上携帯電話をもっているような、市場としては飽和状態の中で、携帯電話販売促進イベントで働くイベントコンパニオンと、派遣元、派遣先、イベント実施店舗となる家電量販店の男性正規労働者の置かれている状況を再度振り返りたい。

第1章では、日雇い派遣のイベントコンパニオンが誇大求人広告のもとで働く様を記述した。彼女たちは求人広告を見て、風船配りで日給一万二〇〇〇円を稼ぐことができ、勤務地や勤務日は選べると思いイベントコンパニオンになった。しかし、実際に働き始めると、仕事は風船配りではなく売上げ目標台数というノルマ付きの接客販売で、日給はランク付けによってコンパニオンごとに異なり、給与明細が渡されないためにいくら支払われているのかの確認が困難で、勤務日や勤務場所も上位のランクならば選択することができるが、B、Cとランクが下がっていくと選択する余地はなかった。さらに、コンパニオンは派遣元X社で行なわれる研修が一度しかなく、接客販売の際にあまり役立たない「料金プラン」についてしか教わらなかった。そのため、彼女たちは接客販売を遂行するために、プライベートで新機種を購入して接客時に機種の扱い方や説明が上手くいくように使いこなす練習をしたり、店舗に何度も通って新機種をいろいろ操作して使い方を覚えたりしていく。こうした自主勉強をしたとしても、彼女たちはノルマを達成できなければ日給を上回る「自爆」を要請され、受け入れざるをえない。拒否をすれば、「日雇い派遣は即戦力じゃなきゃ意味が無い」、「結果がすべて」と雇い止めにあってしまう。

雇い止めにあわないように、コンパニオンは派遣先Y社の要請をつぎつぎと受け入れていく。Aランクであれば交流会といった飲み会にも参加するし、合コンも開く。そうして自分のランクを維持するために時間外労働を行なっていく。B、Cランクのコンパニオンたちはランクのコンパニオンたちの労働状況を見て、「私には無理だ、販売ノルマ達成できないし、見た目もよくないし」と諦め、自身の待遇の悪さを「都合良く使われる身」だと解釈して職場に適応していった。

第2章では、イベントコンパニオンを取り巻く派遣元X社、派遣先Y社、家電量販店Zで働く男性正規労働者たちが、コンパニオンへの人権侵害（ハラスメント、盗撮、「自爆」など）の加害者となり、また彼女たちの労働者としての権利を隠蔽、侵害する当事者として、「派遣奴隷制」に荷担していく／荷担せざるを得なくなる労働状況について記述した。彼らは常に上司や取引先から成果を問われる労働者であり、その成果があげられなければ、イジメや左遷、降格、自主退職に追い込まれるというストレスにさらされた状況下で働いており、彼らは総じてそのストレスを、自分よりさらに下位の労働者であるコンパニオンにハラスメントをすることで発散し、自己＝精神を保とうとしていた。

派遣元X社社員の場合、派遣先Y社のコンパニオン発注依頼に応えることができなければ、上司や派遣先Y社からクレームが入り、左遷や降格処分の対象となるため、誇大求人広告を出して人員を集め、会社に泊まり込んでひたすら人員配置をし、慢性的な寝不足の状態で勤務していた。派遣先Y社社員の場合、販売ノルマを達成できなければ「自爆」やサービス残業を強いられる状況で働いていた。また、家電量販店Z社員の場合も派遣先Y社社員のように売上げ目標が課せられており、目標が達成できなければ業務連絡用の無線イヤホンマイクや休憩室で罵倒され、休憩をとらせてもらえない等の見せしめのイジメが行なわれていた。家電量販店Zではパワハラの内部通報制度はあっても、実質的には機能していなかったため、各労働者は自分が次なるイジメの対象者にならないように怯えながら勤務している状況にあった。

派遣元X社、派遣先Y社、家電量販店Zの男性正規労働者は、みな自分を企業という組織のなかでは末端もしくは下位の労働者だと位置づけ、使い捨てられる労働者だと認識していた。彼らの多くは三六協定と自分の労働とは関係がないと考えていて、三六協定自体を知らない者も少なくなかった。また、競合他社の社員たちの過労自殺にいたるなどの不遇を引き合いにだして、「生きてるだけマシ」だと語る者もいた。彼らは、同じ労働環境でありながら毎回ノルマを達成できる社員を目の当たりにしては、自分が長時間労働を行なうのは自分の売上げ能力＝接客スキルというコミュニケーション能力の不足のためであり、ノルマ未達成による見せしめとしてのイジメなどで心を病んだとしても、それもまた自分のコミュニケーション能力の低さが原因だと、企業側ではなく自分自身の責任として抱え込んでいた。こうして、過剰なノルマや「自爆」、イジメ、サービス残業といった問題は、自己責任の内へと潜在化していく。

第3章では、イベントコンパニオンが、派遣元、派遣先、イベント実施店舗の男性正規労働者や客たちから「常に笑顔で明るく華やかな女性である」ように期待されているために、実際にトラブルや問題（派遣元X社による役に立たない研修、客からの盗撮被害、派遣元・派遣先・家電量販店各男性正社員らによるストーカーやセクハラ被害）に直面しても、「笑顔で明るく華やか」に振る舞っていく感情管理について記述した。

派遣元X社は、トラブルの対処を要求するコンパニオンに対して、「可愛いからセクハラされるんですよ」となだめ、「明るく元気で素直な子として派遣先や家電量販店の社員さんから好かれて下さい」と、「何が起きても笑顔を忘れない」ことを強いることによって、取引先である派遣先Y社や家電量販店Zとの取引関係を良好なものにしようとするのである。そのため、彼女たちは、仕事でセクハラや盗撮被害を受けても、客から研修で教わっていないことを質問されても、ペアを組んだ新人コンパニオンの監督責任を問われて「何で私が？」と思っても、戸惑いや憤りといった感情を表出することはできず、笑顔や明るさに転換させる感情管理を行なっていく。

第4章では、イベントコンパニオンが直面する女性性をめぐるトラブルを事例に、女性労働者が自身の女性性を受け止め、労働力として企業＝資本に提供していくなかで女性同士の分断が起こっていく問題を考察した。

コンパニオンの中には、彼女たちを監督、評価する男性正社員に対して、セクハラの受け入れや女性性の提供をすることで、より良い評価やひいきを引き出そうとする者がいる。こうした女性性の活用をめぐって、「私もセクハラされたい」、「プレゼント欲しい」と競争へ参入する者や、女性性の活用をやっかむ者もおり、女性性をめぐってコンパニオンは分断されてしまっている。

女性性をめぐる分断が起こるのは、コンパニオン同士の間だけではない。コンパニオンが周囲の女性にストーカーや盗撮被害の話をしたとしても、「可愛いから」、「綺麗だから仕方ない」、「嫌ならやめればいい」と言われ、「給料高いから仕方ない」とあしらわれてしまう。コンパニオンは女性性を売る特殊な仕事なのだから、セクハラや盗撮など性的被害を被ったとしても意義申し立てをすべきでないと判断されてしまうのだ。こうしてコンパニオンは、周囲の女性たちとの間でも分断され、性犯罪や性差別の問題は女性同士の狭間へと潜在化させられていく。

2　問題を先送りする——イベントコンパニオンの場合

第2章でも記したように、イベントコンパニオンの場合は、看護や医学といった医療系の大学に通う女子大学生であるために、他のアルバイト先の面接に行くと実習を理由に断られる。

生活費を土日祝日のみで稼ぐ仕事を探すと、日雇い派遣のイベントコンパニオンくらいしかない。彼女たちは、大学生の間はイベントコンパニオンとして働かなければ、生活がままならないのである。また、私が彼女たちに「求人と仕事内容が違うことに不満とかないの？」と聞くと、みな口を揃えて「この仕事は大学生の間だけだから、あと数年我慢すればいい。一生だったら考えるけど、今だけだから。卒業すれば看護師。看護師は一生食いっぱぐれない安定したメッチャいい仕事なんで、そんなことより国家試験が心配！」と言うのである。つまり、彼女たちは求人広告と労働条件が違うと不満を抱えたとしても、一生ではない期間限定の仕事と割り切って我慢すると言うのだ。そのため、彼女たちが勤務をするなかでおかしいと感じることがあったとしても、コンパニオン同士の間で愚痴をこぼしストレスを発散することで、問題は我慢できてしまう。

また、彼女たちは次のようにも言う。

こんなところでいつまでも働けないでしょ？　仕事内容が最初の話と全然違うからおかしいってのもあるけど、だいたいコンパニオンって若くないと働けないじゃないですか？五〇、六〇（歳）になってまで一生ミニスカ履いて働くってありえないし、（五〇、六〇歳でコンパニオンをやっている人は）いないし。だから、とにかくここから脱出することを考えて（看護師の）国家試験に何としてでも受かろうって気合い入れるんです！「イベントコンパニ

―オンGさん、二〇一二年一二月一五日」

夢を叶えるためには苦労も必要って言うじゃないですか? その苦労がこの仕事っていうのかな。安定した仕事やりたいなら、絶対看護師にならなきゃって思うんです。そう思ったら頑張れちゃう! 早く帰って(国家試験の)勉強しなきゃって。[イベントコンパニオンHさん、二〇一二年一一月二五日」

イベントコンパニオンって、なかなかなれる仕事じゃないでしょ? だから、おかしいことあると、高校の同級生でよその大学の友達にネタにして話すんですよ。「自爆って知ってる?」とか。そんで、みんなで「それっておかしいじゃ〜ん、マジなん? 絶対そこには就職しないわ」って笑い話にしちゃう。この間は友達に社員さんからセクハラされたのを話して、「ありえねぇ〜、サイテー、死ねばいいのに」って(笑)。働くのはしんどくても、オモシロ話のネタの宝庫。ある意味、面白い仕事ですよね。[イベントコンパニオンIさん、二〇一一年八月二〇日」

つまり彼女たちにとって、イベントコンパニオンという雇用が不安定で、求人と異なる労働が次々要請されるおかしな職は、「ここから脱出する」先であり自分の夢でもある看護師を目指す動機付けともなっているのだ。そして彼女たちは、看護師になったら、結婚しても一生看護師として働くのだと言う。看護師はイベントコンパニオンと違って、資格をとって病院に採用されれば何歳になっても働くことができるため、食いっぱぐれのない良い仕事なのだそうだ。そのため彼女たちは、イベントコンパニオンのミニスカートの衣装は大学生の間だけ着用し、その後は一生ナース服を着続けるのが夢だと言う。看護師になりたいと語る彼女たちは、いつも表情がキラキラして楽しそうであった。

また彼女たちは、イベントコンパニオンとして綺麗で可愛く見えるように自己演出することを楽しんでもいた。「綺麗とか可愛くいるのが好きなんですけど、この仕事は綺麗で可愛く見せることでお給料貰えるんで楽しいんです。いまローン組んで永久脱毛してるんですけど、これって（コンパニオンの）仕事にも役に立つし、普段でもイケルじゃないですか？　あと、毎週美容院で（ヘア）トリートメントを受けたりして、それも普段綺麗で可愛くいられるでしょ？髪がサラサラだったら嬉しいし。だから、この仕事いいなぁって。みんなから綺麗とか可愛いって言われると嬉しいし、メッチャ派手にオシャレできるのも今のうちだし、本当にいいことずくめ！」。「目を二重に（整形）したんです。子どもの頃から一重で不細工とかいろいろイジメられてたから、絶対いつか二重にしたいと思ってて。（中略）看護師になってからじゃ、できないんですよ。目の腫れがなくなるまで時間かかるし、突然二重になったら担当する患者さんがビックリするでしょ？　やるなら今だなって。二重にしてからは可愛くなったたって言われるし、お客さんにも目が大きいですねって羨ましがられるんで、やって正解だったなぁって」。「看護師になったら忙しくてエステ行ったりする時間ないって聞くんで、今のうちにやっとく。〔中略〕将来の美肌貯金みたいな感じ」。「看護師になったら衛生上、ネイルもまつエク〔まつ毛のエクステンション〕もできないって聞くから、学生の間しか楽しめないんです。女の子を楽しめるのは今しかないから、もう急いでやりまくってる。本当にギャルは今しかやれないいんですよ！」と言う。

コンパニオンの多くは、コンパニオンという職に就いた限り、可愛く、綺麗であるべきだと考えているのだが、永久脱毛やエステ、毎週の美容院でのヘアトリートメントの施術、美容整形など、ローンを組まねばならないような多額の出費をしてまで美を追求するコンパニオンは少ない。多額の出費をいとわず美を追求するコンパニオンに多いのは、もともと「オシャレが好きでいつも可愛くしておかないと気が済まない」という子、次いで「オシャレが好きなのに、看護師になると清潔感が重要だし、オシャレする時間もないから、今のうちにするしかない」という子、Bランクから A ランクに上がりたい、派遣元X社社員のお気に入りになりたいと考えている子、既に A ランクの子の一部、派遣元X社社員のお気に入りとなっている子という順であった。こうした美を追求する彼女たちは、コンパニオンの中でも見た目が派手であったり、ランクを上げたいと考えて派遣元X社や派遣先Y社社員などの男性労働者の好みにあわせて、わざわざ女性らしさを過剰に演出していることもあるため、セクハラを受けやすくなる。

彼女たちに「セクハラってしんどくない？」と聞くと、「みんな、セクハラされるのは今だけだからって言うんですよ。自分で言うのも恥ずかしいけど、可愛いから羨ましいとか。確かにオバチャンになれば相手にされなくなりそうだし、若さの特権ですよね～。オバチャンになって可愛いって言われても、男の人に相手にされてない気がしません？　だったら、今のうちに綺麗で可愛いを楽しんで、あとは（歳をとったら）もう落ち着こうって」、「メッチャ、オシャレ好きなのに、看護師になったら女子力発揮できなくなるから、女子を楽しめるのはあと一年。看護師になると男の人からちょっかい出されるのは、通院とか入院してるおじいちゃんとかになるって噂なんですよ。（男の）医者は、私たち看護師をバカにしてるから相手にされないし、こっちも相手にしたくない。だから、普通の男の人たちにちやほやされるのも今のうちだから、オシャレ好きな子で今やれるだけやっとこうねって話してて」と言う。私が「でも自分が綺麗でいたいと思ってやってることが、セクハラされる原因になってると思うと相手に腹立たない？」と言うと、「私、セクハラ自体よくわかってないから大丈夫です～。逆にそういうこと真剣に考えてたら、この仕事やってけなくないですか？　学生の間だけの仕事で、看護師までの下積み時代なんで、そんな面倒なこと考える時間がもったいないですよ～。それに、ちやほやされてるってことは女としてイケてるってわけで、全然問題ないです～。何で田中さんがそう思うのか逆に不思議です～」、「田中さん、何でそんなにセクハラ、セクハラ言うんですか？　女として関心もたれてるってことだから嬉しいでしょ？　小学生の男子みたいに、関心ある子だから嫌がらせするんだろうし。それに田中さんもオバチャンになったら、ちょっかい出されなくなるんですよ。さびしいでしょう？　もしかして過去に男の人のことで何かトラウマあるんですか？」と言われてしまった。

コンパニオンは、派遣会社X社に都合良く使われても、派遣先Y社や家電量販店で「自爆」を要請されても、セクハラを受けても「今だけだから」と我慢して、「セクハラ自体よくわかってないから大丈夫」と受け流し、「オバチャンになったらちょっかい出されなくなる」ことは「さびしい」ため「女として関心もたれてるってことだから嬉しい」と受け入れ、それを「夢を叶えるために必要な苦労」、「下積み時代」と捉えつつ、「ありえねぇ〜、サイテー、死ねばいいのに」と笑い話のネタにすらしていく。そのため、彼女たちは自身の雇用状況や待遇に対して不満を感じても、おかしいと思っても、派遣元X社に異議申し立てをしない。ゆえに、日雇い派遣のイベントコンパニオンが直面する労働問題は潜在化していくのである。

二〇一二年に改正された労働者派遣法で、労働者保護の目的で日雇い派遣が原則禁止とされながらも、昼間学生は例外として日雇い派遣が認められた。彼女たちの話や状況からもわかるように、昼間学生の場合、一生日雇い派遣で働くという可能性が少ないために、労働者保護の対象とする必要性が低いと判断されたのだと思われる。

私が彼女たちに言おうとして言わなかったことがある。もし国家試験に落ちて看護師になれなかったら、どうするのかということだ。親の収入などで世帯収入が五〇〇万円あれば、引き続きイベントコンパニオンとして勤務できる。もし世帯収入が五〇〇万円あって看護師の国家試験に落ちたら、イベントコンパニオンとして働き続けるか。また、働き続けることを想定したとき、今の労働条件を笑い話のネタとして甘受し続けることは可能なのか。

先日、国家試験に落ちてイベントコンパニオンを続けているJさんから連絡があった。Jさんは次のように言った。

聞いて下さいよ〜。国家試験、落ちたんですよ。最悪。だから今年また受けるんです。今は落ちた子たちでコンパニオンやってます。生活は何とかできてる感じなんですけど、国家試験難しかったから次受かるか不安。もしかしたら、ずっと派遣で生活になるかもって不安で。そうなったら、ちょっと（求人広告と労働条件の）話が違うって前に言ってたこと、我慢できないかもしれない。その時は相談にのって下さーい。［イベントコンパニオンJさん、二〇一四年五月八日］

3　コンパニオンと自分の仕事の間で——派遣元X社の男性正社員の場合

私が派遣元X社で働き始めた当初のイベントコンパニオン担当正社員には、本書で事例としたAさん以外にもBさんという男性正社員もいた。Bさんは大阪出身で、私がたまたま同じ歳で京都に住んでいたこともあり、勤務報告書を派遣元X社の支店にもって行った後、相談があると言われて喫茶店に行った。相談内容は次であった。

Bさん　田中さん、京都に住んでたら大阪の西成って知ってますか？　釜ヶ崎とかあるんですけど。

筆者　えぇ、知ってますよ。

Bさん　ほんまですか。僕ねぇ、実家に帰ると釜ヶ崎に行くんです。この仕事向いてないんじゃないかって、ずっと思ってて辞めようかなって。特に人員配置が僕へたなんです。それでずっと会社に泊まり込みで寝てなくて、お風呂にも入ってない。会社では怒鳴られる。もう人間らしい生活じゃないから辞めようかなって。でも、釜ヶ崎にいくとね、僕以下の人がたくさんいるんですよ。あそこは汚くて臭くて、ホームレスがゴロゴロいるでしょ？　飯もまともに食えん人がボランティアの人に恵んでもらってたりして。それ見に行くと、安心するんです。

筆者　安心ですか？

Bさん　はい。僕以下の人がたくさんいるって安心するし、まだもう少しここで頑張ろうって思える。それでね、今度同僚を連れて行ってやろうと思ってるんですよ。

筆者　同僚の人をわざわざ釜ヶ崎ですか？
Bさん　えぇ。僕と同じで仕事できない奴で、辞めるかどうしようか悩んでるって言ってて。だから、釜ヶ崎で自分以下の人たち見て元気出してもらおうって。最悪、俺らこうなるんでって。まだ仕事あるだけマシやんか、頑張ろうやって。田中さんも行きませんか？
筆者　私ですか？
Bさん　えぇ。労働条件おかしいって言ってたでしょ？　でも、釜ヶ崎行くとそんな不満吹き飛びますから。いま仕事辞めようか考えてたり、仕事に不満のある人を誘って釜ヶ崎ツアーを考えてるんです。いまんところ、三人集まってるんです。「頑張ろう会」です。

［筆者と派遣元X社社員Bさん、二〇一一年四月六日］

私の知る限り、Bさんは日給格差がひどいと言って、Cランクのコンパニオンの日給を全員一万円まで引き上げた。また、予算が余りそうな時は、求人広告以下のコンパニオン全員の給与を求人広告通りに日給一万二〇〇〇円で支払った。そして、Bさんは、ストーカー被害を受けて困っていると泣いて相談したコンパニオンの話を聞くなり、翌日家電量販店Zへ行き、その社員と話をつけた。Bさんによれば、その社員に殴られたらしいが、「つきまとうのを止めて下さい」と言い続け、一筆書かせたそうだ。そして、被害にあったコンパニオンが二度とその店舗に入ることのないように人員配置をした。また、Bさんは出勤したコンパニオン全員に

毎回派遣先Y社や家電量販店Z社員らとの相性や仕事内容の不満を聞き出し、やりにくい社員がいる場合、そのコンパニオンは別の店舗で勤務するように人員配置していった。すると、Bさんは次の問題に直面した。

Bさん　田中さん、セクハラとかムチャぶりって大丈夫です？

筆者　セクハラですか（笑）？　大丈夫じゃないですけど、触られなければ平気ですよ（笑）。下ネタ強いですから。ムチャぶりって具体的にどんなことですか？

Bさん　セクハラは触られません。下品な話をされるらしいです。ムチャぶりは店長とか携帯電話コーナーの責任者が無理難題押しつけてくるんで、それに対応できるかが問題なんですけど。

筆者　無理難題ですか？

Bさん　在庫整理のために、何年も前の誰も知らないモデルの機種を売れって言われたり、あとは自爆とかノルマ達成できなかったらいきなり残業とかあるんですけど、どうですかね？

筆者　いいですよ。ムチャぶりは、どこの店舗でもありますし（苦笑）。確認なんですけど、自爆を断ったら残業すればＯＫってことですよね？　自爆より残業の方がマシですよね。あの〜、誰も行きたくない店舗だから、いま私に電話してるんですよね？

Bさん　あぁ、わかっちゃいました？　すみません（苦笑）。もうみんなに断られ続けてて人員配置が進まなくて。じゃ、△店でお願いします。本当にみんな△店に行きたくないって言うんですよ。ムチャぶりどころかセクハラもえげつなくて、先週は新人が泣きながら電話かけてきて。△店に話をしに行ったんですけど、当人がいないからまだ話がついてないんです。もしかしたら、当分△店に出入りしてもらうことになるかもしれないですけど、働いて無理って思ったらすぐ連絡下さい。僕が店舗に行って話つけに行きます。田中さんはベテランで下ネタの対処もなれてるじゃないですか。田中さんがもう無理だと思うなら、他の子は絶対無理だと思うんで。一回勤務してみて下さい。

［筆者と派遣元X社社員Bさん、二〇一一年三月二八日］

この件があってから、私は一時コンパニオンが嫌がる特定の店舗に出勤させられることになった。Bさんの話によると、コンパニオン一人一人に丁寧に話を聞いていくと、パワハラやセクハラをする社員は同じ社員であり、コンパニオンらが嫌う社員もほとんど同じ男性社員であったからであった（私の場合、男性社員が振ってくる下ネタ話に対して、彼らが引いてしまって黙り込むような下ネタを振って返すので、ある社員には「頭おかしいよね」と避けられていた。しかし、私は販売ノルマをほぼ確実に達成するため、出入り禁止になることはなかった）。こうしてBさんが、嫌がるコンパニオンを違う店舗に配置すると、勤務可能な者がいなくなり、人員配置に時間がかかってしまう。

さらに、コンパニオンを配置転換したので、パワハラやセクハラをするのを楽しみにしている派遣先Y社社員や家電量販店Zの社員たちから「何で違う子入れたの？　先週派遣してくれた女の子がいいんだけど」、「売ってくれる子もいいんですけど、もっと性格が可愛いというかウブな子を派遣してもらえませんか？　仕事、楽しくやりたいんで、ちょっかい出した時に初々しい反応する子がいいんですよ」と派遣元X社支店長にクレームが入る。そうしているうちに、Bさんはクレームの多さだけでなく、同僚の社員たちからも疎ましく思われ、派遣元X社に居づらくなっていく。実際、Bさんはよく「会社に助けてくれる人、いないんですよね。無視されたり、支店長には怒られてばっか。友達もいないし、何か辛くて」と愚痴をこぼしていた。

Bさんに「会社に居づらくなるのに、なぜコンパニオンの労働条件をよくしようとするのか」と聞いてみると、次のように語った。

僕は釜ヶ崎行ったり、西成行ったりしてるって言いましたよね。僕、あの人たちみたいになりたくないし、怖いんです。多分、（西成の）オッチャンたちって仕事をうまく続けられなかった人たちだと思う。だから、みんながオッチャンらみたいなホームレスにならないように、ちゃんとご飯食べれるように、楽しく働き続けて欲しいなって。今の時代、いつオッチャンらみたいになるかわかんないんですよ。働けなくなったら最悪ホームレス。怖いでしょ？　だからみんなが働き続けられるように、僕にできることで労働条件がよく

なるなら改善しますよ。労働者としての権利を実行してるだけです。〔派遣元X社社員Bさん、二〇一一年四月六日〕

Bさんは結局トラブルで退職してしまう。私がAさんに「Bさん、退社されたんですね。女の子が働きやすいように工夫されてたのに」と言うと、Aさんは間髪入れずに次のように話した。

あいつ、やりすぎたんですよ。〔中略〕コンパニオンなんて日雇いなのに、スーパーマン気取って労働条件改善しようとしてうざかった。使い捨てりゃいいのに使い捨てない。そしたら、他のコンパニオンが「Bさんならこうしてくれたのに」って文句言ってくるんですよ。あいつのおかげで仕事の手間がかかりすぎてですね、残業のオンパレードですよ。あいつが改善してくれたおかげで、みんなの仕事が増えた。「文句言うコンパニオンを切れ」って支店長も言ったんですけど、あいつは「次の仕事が彼女たちにはない」って言って絶対切らないから。僕が引き継いだからには徹底的に切っていきますよ。仕事楽にしていかないと、僕らの身体がもちませんからね。あいつが辞めて助かったって思う社員、結構いるんです。みんな、あいつのこと無視してましたしねぇ。〔派遣元X社社員Aさん、二〇一一年八月六日〕

派遣元X社社員と話をすると、よく「ハンドリング」という言葉を聞く。ハンドリングとは、車を目的地まで無事運転するように、自分の担当する派遣労働者を派遣先が求めるように動かすことを意味する。ハンドリングしやすい子、ハンドリングしにくい子、とよくコンパニオンも言われる。社員はハンドリングしやすい子を好みそうだが、彼らは常にハンドリングをうまくしようはしない。気に入らない派遣労働者をあえて働きにくい店舗へ派遣し、クレームを起こさせ、反省文を書かせたり、「自爆」を何度もさせたりして、その様を見ることでストレスを発散させていく。

私もAさん、Bさん以外のイベントコンパニオン担当者から嫌がらせを受けたことがある。二重派遣であるにもかかわらず、それを教えてくれずに店舗に入ってしまった時のことである。

家電量販店の社員から「どこの派遣会社ですか?」と聞かれて、派遣元X社の名前を言ったところ、「うちは違う派遣会社に依頼してるんですが、どういうことですか?」と言われ、そこで私は二重派遣だと気づいたのだ。勤務終了後、派遣元X社社員Cさんから電話がかかってきた。

――**Cさん**　何でうちの名前言ったんですか?　違う会社名を言うようにって話しましたよ

ね？

筆者　聞いてないですよ。メールで業務依頼が来ましたけど、そんなこと書いてありません。転送しましょうか？

Cさん　いえ。結構です。もううちで働いてもらえないんで、了承下さいね。

筆者　わかりました。支店長に電話しますね。

Cさん　えっ？　支店長ですか？

筆者　何か問題でも？

Cさん　いや……わかりました。

［筆者と派遣元X社社員Cさん、二〇一三年二月一八日］

私が派遣元X社支店長に電話をしたところ、Cさんと支店長と三者面談となった。その場で、私が「二重派遣って先に教えてくれたら、ちゃんとそこの企業名言ったんですよ。二重派遣は違法だとわかってますから、会社名をわざわざ間違えるようなことはしません。ずっとここで働いてますし、今後もここで働きたいと思ってますから、X社にデメリットが被るようなことはしませんよ」と話すと、支店長がCさんに「謝れ。二重派遣は違法だろ。そもそもそんな仕事とってくんな。早く謝れ」と言い、Cさんはしぶしぶ謝った。

けれどもCさんは、別のコンパニオンたちにも同じように二重派遣を続け、気に入らないコンパニオンを中心に次々と雇い止めにしていった。二重派遣に関して、このCさんと仲の良いコンパニオンKさんは以下のように話してくれた。

ここだけの話よ。支店長に怒鳴られたり気に入らないことがあると、そうやってコンパニオンをクビにしたり、困らせて楽しむんだって。超悪趣味。田中さん、やり返したんだって？「コンパニオンなんかに負けた、田中さんと関わりたくない」って言ってたよ。ヒミツね。［イベントコンパニオンKさん、二〇一三年二月二五日］

派遣先にトラブルを起こすコンパニオンを派遣すると、派遣元X社の信用がなくなるなど不利益に繋がりそうなものだが、気に入らない労働者を説明不足のまま店舗に送り込んで楽しむのは、Kさんによると C さん自身が派遣元X社を退職しようと決めた頃だったそうだ。つまり、派遣元X社に対する抵抗と、ハンドリングしにくいコンパニオンに対する当てつけなのである。そのためCさんは、派遣先からクレームが入ってきても「どうせ自分は辞めるから」と平気でいられるし、先にハンドリングしにくい労働者が退職を申し出れば「ざまみろ」とスッキリするのである。

総じて派遣元X社の社員は、自分の労働環境がおかしいと思ったとしても、自分より立場が下の派遣労働者がいるという安心からか、改善を要求しようとはしなかった。

4　労働運動より働いているふり――派遣先Y社や家電量販店Zの男性正社員の場合

派遣先Y社や家電量販店Z社員は、ノルマを抱えて常に成果に追われている。結果を出さねばならない、けれど、常に結果が出るわけではない。店舗に客がいない場合は、接客販売が成り立たない。それでも働かねばならない。ただ突っ立っているだけでは叱り飛ばされる。彼らは、在庫を確認する、商品を拭く、パンフレットを並べ直す……。二時間あれば終わる作業だ。勤務時間は八時間となっているため、残り六時間をどうするかが問題になる。

Aさん　今日どっちが先に店長に注意されるか賭けようや。
Bさん　ええよ。怒鳴られた方がジュース（をおごる）ね。
Cさん　何しよん？
Bさん　今日暇じゃん？　多分、売上げが伸びんで（伸びないから）、店長がイラつく日の流れじゃんか。どっちが先に怒られるか勝負しようやって。注意されたらジュース。
Cさん　面白そうじゃん。人数集めようや。負けた奴が全員にジュースおごるんだったら、人多い方がオモロイじゃん（笑）。人数少ないとスリルないし、罰ゲームにならん。
［家電量販店Z社員Aさん、Bさん、Cさん、二〇一二年二月二六日］

こうした暇な時間には、ジュースを賭けることで労働へのモチベーションを上げていく様がよく見られた。また、無線を使って業務連絡をしているふりをしながら、しりとりをしているところも観察することができた。無線にはチャンネルがあるという。店長が不在の間、仲の良い者同士がそのチャンネルに合わせて、業務連絡をするふりをしてしりとりをし、負けた方がジュースをおごるというゲームだった。

私は暇な時間、ひたすら休憩を回し続けるという経験をした。派遣先Y社社員が「今日は客がいないから、ずっと休憩回し続けて忙しそうなフリしよう。その時、絶対バックヤードで在庫確認するフリすること。じゃ、一五分ごとで回すから。はい、行って〜！」と指示をだした。そうして、私が担当する携帯電話会社のコーナーで働く労働者たちは、一五分ごとに人が入れ替わっていくという時間つぶしを行なった。その間に客が売り場に立ち寄ったら接客をせねばならず、客に「捕まった」者以外は、延々と休憩を取り続けた。捕まった者は、「最悪〜。休憩で時間潰れると思ったのに、自分だけ仕事させられたし。ついてないわぁ」とふくれていた。

またある時は監視カメラの死角を探し、どこに立てば休んでいられるかという場所当てごっこもやった。見つけたら、二〇分ごとに皆で順番に場所を変わるのだ。そうして、私たちは協力し合いながら、怠業していることを悟られず、うまく時間を潰した。

派遣先Y社で接客販売実績がトップクラスの社員らと勤務した時のことだ。私たちは一九時までの勤務であるにもかかわらず、一四時に在庫をすべて売りきってしまい、その後五時間近く堂々と売り場で私語をしたり、二時間早く切り上げて一七時に帰宅したりすることがあった。家電量販店Zは労働者が売り場で私語をすることを禁止していたし、勤務時間よりも早く帰宅することはもってのほかとされていた。しかし、なぜか私たちは店長から怒られることもなく、むしろ「ゆっくり休んでいいから」とねぎらいの言葉をかけられたり、「最近面白いことあった?」と世間話を振られたりした。話を聞けば、家電量販店Zおよび派遣先Y社では、成果主義ゆえに売るべき物＝在庫をすべて売ってしまえば「ミッション達成」ということで、早く（基本的に一七時頃に）帰宅することや、私語をすることさえも許されていたのである。

「即戦力が集まればこんなもんだよ」と派遣先Y社社員は言い、私たちは家電量販店Z本部のエリア統括リーダーから「昼に予算達成スゴイじゃん。それどころか在庫売り切ったって、もうさすがで言うことなし！　今度目立つように売り場を派手に作ってあげる」と言って褒められた。ただ、これを続けると、仕事量が増えてしまう。もっと在庫を増やして売れということになってしまう。だから、これは予算を必ず達成しなければならない時に限って行ない、「仕事できます」とアピールする。それ以外の時は手を抜き、「すみません。本当はできるんですけど、客がいないんで」などと嘘をついては暇な時間を作り出す。

派遣先Y社社員は次のように言う。

> 俺ら安く買い叩かれてんだって。〔中略〕俺らは使い捨ての駒だから金貰えない。本当はもっと給料もらっても会社としては痛くないはずなんだけどねぇ。俺らなんかバカだからさ、給料増えたら一気にやる気でるのに全然くれないのよ。サービス残業いくらやってんのかって話よ。(客に渡す)キャッシュバックの金があるなら、俺らの残業代として払って欲しいし、払える額よ。なのに、払ってくんない。ってなるとね、いかにサボるかが大事なんですよね〜。いつも飼い犬が飼い主の言うこときくと思うなって話で。売れない時はメッチャサボりましょう！　給料泥棒でいいんです。会社は金たんまりもってんだから、少々売れなくても痛くない。怒られたら報告書、テキトーに書いて出せばいい。報告書読むのなんて現場知らないクソなんだから少々嘘書いてもばれないし。サボり、サボり〜。
>
> 〔派遣先Y社社員Dさん、二〇一二年三月二四日〕

私はこの話を聞いたとき、「会社がおかしいと思うのに、(労働)運動しようとか思われないんですか？」と質問したところ、「運動？　体操？」とトンチンカンな答えが返ってきた。私が「労働運動のことです。組合作って不払い残業を訴えるとか、そういうことをしようと思わないですか？」と聞くと、次の答えが返ってきた。

あぁ、そっちの運動ね（爆笑）。学生運動みたいに会社に何か投げつけたりすんの？　ごめん、俺、そこまで詳しくないんだわ。あんなんやっても無駄って思うよ。みんな疲れてるから、そんなんやってる暇ないもん。やっぱ寝たいじゃん？　そんで遊びたいじゃん。それでも遊びに出るほど休みとれないから、ここでみなさん（コンパニオン）と遊ぶわけ。それに、俺ら高卒とか中卒だから難しいことの情報みたいなのないんだわ。だから、運動とか言われても「体操？」みたいなね（苦笑）。大学出てりゃ違うのかもしれないけど、そういう賢いことわかんなくて。バカでゴメンね～（笑）。［派遣先Y社社員Dさん、二〇一二年三月二四日］

5　「人間の労働力化」

ここまで見てきた、コンパニオンや男性正社員たちの「先送り」や「嫌がらせ」、「怠業」は、どのように考えられるだろうか。

入江公康は『眠られぬ労働者たち』で以下のように述べている。

ポストフォーディズムにあっては、労働外にあったと考えられてきたものが労働に編入されてしまう。フォーディズムにおいては、労働と非労働は截然と分かたれる傾向にあったが、ポストフォーディズムにおいては、おそらくは生活の全領域――再生産領域――をも、いうならば余暇であるとか、趣味であるとか、遊びであるとか、人とのつきあいであるとか、そのようなものまでもが生産的労働と融合を遂げてしまう。生産と再生産を分かつ「労働時間」という区別もまたかぎりなく曖昧にされ、非労働からも生産の主たる資源が調達されるのである。［入江、二〇〇八年、一四一～一四二頁］

かつての資本主義社会においては、人間は保有している能力など自らの一部（肉体や知識や技術や創造力や時間など）を労働力として売ればよかった。とりわけ、工場労働が中心であった工業主義（＝フォーディズム的資本主義）社会では、労働力は時間と生産物とで資本によって価値付けられ、肉体労働は精神労働に対置され、労働（者）の部品化が問題とされ、労働をより人間的なものとする「労働の人間化」を主張する人たちも現れた。けれども、現代の脱工業主義（＝ポストフォーディズム的資本主義）社会においては、資本は労働者の肉体的・知的能力の一部を労働力として時間単位で買うのではなく、感情やコミュニケーションを含めて人間能力のすべて（正確に言えば、一部とか部分とかに境界付けることができない能力）を明確な時間の区切りもなく労働

力として供出するように要請するのである。

すなわち、もはや労働は人間が自らの能力の一部を使って行なうものではなく、人間が「すべての能力」を駆使して行なうものへと変容したのである。単に「対人関係的」な能力を駆使する場面が増えただけではないか、という異論はあるだろう。けれども、私がここで言っているのは、実際に人間が労働の場面で「すべての能力」を駆使しているというのではなく、資本や企業（＝雇用者側）が労働者の「人間としてのあらゆる能力」の供出を求め、都合良く使用しようとしている、ということである。

日本では、とりわけ一九八五年の派遣労働者の保護を目的として掲げた労働者派遣法の成立後、たびかさなる労働者派遣法の改正によって、労働者全体に占める非正規労働者の比率は高まっていった。単に非正規労働者の比率が高まっただけではなく、正規労働者であっても、非正規労働者と権利や待遇が変わらない、あるいは非正規以下の「名ばかり正社員」も増加していったのである。重要なのは、非正規労働者や非正規労働に近い労働者が増加したことではなく、かつて存在した「正規／非正規」、「労働時間／私的時間」、「労働現場／私的空間」などの境界線が曖昧になって溶解し、「労働力／人間性」の境界も消失していくことである。だからこそ、かつての労働災害が「身体上の怪我や病気」であったのに対して、現代社会において中心的な労災は、「心の病」（＝心とは人間の一部分として境界づけできない領域を意味している）なのである。このような事態を「人間の労働力化」と呼ぼう。

けれども、「人間の労働力化」は、人間性が資本や企業に効率的に使用されるだけではなく、労働領域に人間性が持ち込まれざるをえなくなることでもある。つまり、先にみたように、雇用者側が「人間の労働力化」を求めれば求めるほどに、逆説的に、セクハラやパワハラ、怠業という形で現れる資本や企業にとって非合理で、非効率で、不都合な「人間性」もまた、労働領域へと持ち込まれていくのである。

6 「悲しみ」と「怒り」を共有することからしか始まらない

私が所属する社会学系の学会で、よく質問されることがある。「連帯して、労働運動して問題を解決しようとする人はいないのでしょうか?」、「どうすれば労働者は守られるでしょうか?」、「どうすれば労働問題はなくなると思われますか?」、「誇大求人広告に騙されないためにはどうしたらよいでしょうか?」、極めつけは「企業も悪いでしょうけど、労働基準監督署に訴えない労働者がいることが問題なのではないですか?」などなど……。

私は先の派遣先Y社社員たちにも労働運動や不当な労働を強いられていることに対して訴え出る話をしたが、誰一人として賛同してくれる人はいなかった。

「仕事なんて楽しくやってナンボなわけで、一つ愚痴を言い出したら切りが無い。労働法通りに全てやってる会社なんかあるわけがない」、「大なり小なり、絶対会社には問題がある。だから、労働問題があってもどこかで折り合いをつけて諦めないといけない」、「問題のない会社で働くなんて夢の世界の話でしょ。そんなしけた話やめてよ。テンション下がるじゃんか。聞きたくないし。もし運動やって負けたらどうすんの？」、「役所に訴え出るとか、そんなバカなことしないよ。訴えて労働条件がよくなるとしても、その後の自分のポジションは保証されないってのが、会社のやることじゃん。訴えたらクビか左遷か、居づらくなって自主退職がオチ。田中さんも訴え出ないのは、自分の仕事がなくなるって思うからでしょ？　だからさ、問題を役所に訴え出ればいいいって言う人は、世の中知らないバカな連中なんだって。どうせ、いいご身分の人たちが言ってんでしょ？　本当、そういう奴ら、マジ迷惑。説教たれんな。現場に来て働いてみろや。一発でアウトになる使えん人材に決まってんだから。子どもじゃないんだから、「正義が勝つなんて思うなよ」、「会社訴えて、損するんならやりたくないじゃん、面倒臭いのにさぁ。自分の仕事で精一杯なのに。早く布団でゆっくり寝たいよ」とみなが口を揃えて言う。

たしかに、「労働問題がない会社など、そもそも夢物語だ」というのは、言い得て妙である。どんな労働現場にも、問題はつきものだ。ただ、本書で事例としたイベントコンパニオンの労働現場に関わる労働者のほとんどは、自らの直面している労働問題を問題として考えられない状況に置かれているのである。

彼女／彼らが、仮に労働基準監督署などに企業の違法労働を訴え出たとしても、確実に労働条件がよくなる保証などない。むしろ、雇い止めや左遷、自主退職に追い込まれるリスクの方が圧倒的に高いだろうし、企業によるこれらの報復に対して、労働者を保護する制度は実質的に機能していない。つまり、「連帯、運動、告発などによって問題を解決すべきだ」というような考えは、労働者からすれば、「いいご身分」の「世の中知らないバカな連中」による「マジ迷惑」な、ただの「説教」にすぎないのだ。ごくごくフツーに考えれば、自分が得をしないようなことは、よほどのことがない限り、誰もしないだろうし、彼女／彼らのような労働者には、そんな余裕はないのである。

このような労働者の「孤立」を入江は次のようにまとめている。

> フレキシブル化のもと、たとえば正社員と非正社員＝（バイト・パート・フリーター・派遣等々）との懸隔は広がり、そのあいだには不信が蔓延し、またいっぽうでは、非正社員どうしは、じぶんと立場を同じくするものになんら関心を寄せることなく、じぶんの傍らで働く人間がどんな人間であるかも知らない。つい昨日まで隣で働いていた人間が、今日にはいとも簡単にいなくなる。そこでは「仲間」は成立せず、〝闘い〟はむろん不在だ。［入江、二〇〇八年、六〇頁］

私の知人Kさんはスーパーのパート社員なのだが、最低賃金を下回る賃金でクリスマスにはクリスマスケーキを、土用の丑には鰻を強制的に買わされている。

筆者 時給七〇〇円って最低賃金以下だよ。そんで、ケーキとか鰻もノルマ達成できなかったら買い上げなの？ 自分でノルマ足らない分を買い上げるのを自爆って言うんだけどさ、本当はやらなくていいんだよ。私のところも自爆あってさ、会社ひどいよね。どうにかならんもんかね。腹立つわぁ。

Kさん えっ？ 私、最低賃金以下なの？ ノルマ分買うのは自爆って言うんだぁ。実は買い上げるのしんどくてイヤだなって思っててさ、本当はやらなくていいって知らなかった。でも……そんなこと言われても、一緒に働いてる人、みんなやってるよ。最低賃金以下でも、みんな必死でやってる。そういう悲しくなること教えないで欲しい。ここで働かないと生活できないから、いらないこと教えないで欲しい。そんなこと聞きたくなかった。やっと仕事決まったのに、こんな話聞かされたらここで働いてる私がバカみたいじゃない？ 私のこと、バカにしてんの？ バカだって本当は思ってんでしょ！ ［スーパーのパート社員Kさん、二〇一四年三月一一日］

もちろん私は、Kさんを決してバカにしたわけではない。ただ、Kさんが最低賃金を下回ったうえに「自爆」まで強要されていることに、私が憤っただけだ。しかし、Kさんにはそうは思われず、「悲しくなること教えないで欲しい」、「いらないこと教えないで欲しい」、「聞きたくなかった」と涙を浮かべて「バカにしてんの？」と、私は彼女を怒らせてしまった。私からすると、Kさんは最低賃金を下回り「自爆」までさせる企業に対して怒りを感じるべきだと思うのだが、彼女の怒りの矛先は企業ではなく私であった。雇い主の企業ではなく、正論＝事実を言った私に対して彼女は憤ったのだ。彼女はやっと見つかった仕事先でこれから頑張ろうと思っていた矢先、私からひどい会社だと指摘されたことで悲しくなり、「みんな必死でやってる」から「いらない」知識を教えないで欲しい、よけいなお世話だ、無知な自分をバカにしたと思った……ということだろう。★1

けれども、Kさんは企業に対して怒りを感じないように自分で感情管理してきたにもかかわらず、なぜ彼女はその怒りを私にぶつけてきたのだろうか？　そして、「悲しくなること教えないで欲しい」、「バカにしてんの」と怒りをぶつけられた私は、なぜ悲しくなってしまったのだろう？　今から考えれば、Kさんは、怒りをぶつけられる相手であると思ったからこそ、企業や同僚に決してあらわにしないようにしている「悲しみ」や「怒り」を私へぶつけてきたのではないか。そして、私がこのように考えてみるのも、日雇い派遣イベントコンパニオンとして、Kさんと同様、怒りのやり場がないような悔しい思いをしてきたからではないだろうか。

先に引いた入江が言うように、同じ労働者――女性（労働者）あるいは非正規労働者――として、一緒に連帯して闘うような仲間は、成立しないのかもしれない。仮にそうであっても、立ち上がらない労働者たちに責任を帰することは、資本や企業が「好都合な労働力」を求めて「人間性を労働力化」していくのと変わらない。なぜなら、「あるべき労働者」という価値観にもとづいて、労働者個々の生を評価してしまう点で同じだからだ。

この社会において、私たち労働者が連帯することは難しいと思う。実際には、不当な労働状況を告発・変革しようとする労働者よりも、本書で事例としたイベントコンパニオンや彼女たちに関わる男性労働者のように、厳しい現実から目を背けたくなる労働者の方が多いだろう。連帯して闘う仲間にはなれないかもしれないけれど、私には、「悲しみ」や「怒り」を共有できる人たちがたくさんいる。だから、「よけいなお世話だ」と言われても、私は、今の不当な労働状況に対して彼女／彼ら労働者が抱く「悲しみ」や「怒り」を社会に問い続けていきたいと思う。なぜなら、それが私にとって、人々の「悲しみ」や「怒り」を共有することであり、不当な労働状況に抗うことであり、結局、そこからしか何も始まらないからである。

今後の課題を提示して、本書を閉じたいと思う。

労働者派遣法の改正によって、労働者保護の観点から原則禁止とされた日雇い派遣の例外にあたるのは、「六〇歳以上」、「雇用保険の適応を受けない昼間学生」、「生業収入が五〇〇万円以上の副業として従事する者」、「世帯収入が五〇〇万円以上の主たる生計者以外の者」であることは既に述べたけれども、イベントコンパニオンのような労働者が「例外」とされた背景には、資本や企業に都合がいいように、労働に従事していても「労働者として正当な権利をもたない労働者」を拡大していこうとする法改正の方向性を看取できる。最近、メディア等で違法性のあるアルバイトを「ブラックバイト」と呼んで、社会問題化していこうという動きもあるが、ブラックバイトや日雇い派遣のような「例外」と位置づけられた労働が、正規労働や派遣労働など労働者全般に対する「労働条件の悪化」、「不当な労働の強制」、「労働権利の侵害」を助長しているという現実に関しては、本書では十分に展開できなかった。本書で取り上げたイベントコンパニオンの労働現場においても明らかなように、日雇い派遣、派遣、契約、正規など雇用形態が様々に異なる労働者たちによって構成されている実際の現場においては、労働者として正当な権利をもたない労働者の存在によって、他の労働者の権利も侵害されていくのである。労働者全般に対する権利侵害という視角から、雇用形態の多様化によってもたらされている問題を明らかにしていく必要性を感じている。加えて、本章の第5節でふれたような、労働現場へと持ち込まれていく資本や企業にとって非合理で、非効率で、不都合な「人間性」について、（それらの問題を労働者個々の能力や性格として片付けるのではなく）、社会的な文脈に位置づけて捉え直していくことが必要だろう。

また、近年、労働者として正当な権利をもたない労働者を拡大していこうとする方向性は、「外国人技能実習制度」見直しに関する法改正の議論にもみられる。メディア等で報じられているところでは、「技能実習期間の延長又は再技能実習の認可」、「技能実習生の受入人数の拡充」「技能実習対象職種拡充」などが政府内で盛んに議論されているという。二〇一三年に広島県江田島市で起こった牡蛎養殖加工会社の技能実習生による「社員八人殺傷事件」をめぐって議論が起こったように、技能実習制度に関しては、これまで国内外から「人権保護上問題が多い」という批判がなされているにもかかわらず、法改正の議論の方向性は、ひたすら外国人実習生を増加していくところにある。つまり、実質的には「労働力」でありながら、「労働者でない＝労働者として正当な権利をもたない」労働者を拡大していこうというのである。このような拡大一辺倒の議論を支えているのは、「日本が経済成長するために必要だ」という考え方である。こうした考え方を批判していくためには、まず、「何のための／誰のための成長なのか？」を問うことが重要ではないだろうか。

一人一台以上保有している状況で携帯電話を販売していくイベントコンパニオンの仕事の多くは、実際のところ、新しい機種がどうしても必要だとは思えない人たちへ買い替えを促していくことである。もちろん、消費者の買い替えが盛んになり、新しい機種が売れれば、企業の業績が上がることで、経済的な成長は達成されるに違いない。けれども、そうした成長が、日雇い派遣、ブラックバイト、外国人技能実習生など「労働者として正当な権利をもたない」人たちを労働力として使い捨てることによってしか達成できないのであれば、そんな成長は果たして「何のために」、「誰のために」必要なのかを再考していかなければならない。とても大きな課題であるが、日雇い派遣やブラックバイト、外国人技能実習生などを抜きにしては成立しない労働現場は、実際に珍しいものではなくなっていることからは、「労働者としての権利をもたない」人たちを労働力として動員することに対する批判的な研究を蓄積していかなければならないことがわかるだろう。

最後に、「労働」という概念自体を「商品価値としての女性性」と関連づけて、再考していていかなければならないと考える。イベントコンパニオンのような労働は、女性が若いうち＝ある一定の年齢までにしかできない、期間限定の仕事だと思われているし、実際にそうである。[★2] けれども、彼女たちの若さに対して、それ相応の対価（＝賃金）が支払われているとは、とうてい思えない。それは、彼女たちの労働に対して、「売ってはいけないもの＝女性性を売っている」という社会的な価値付け（私は「偏見」と呼びたい）があるゆえに、それが正当な労働として評価されないのではないだろうか。工場での生産労働を基準として考えられてきた労働概念は、勤勉さや経験の長さとともに蓄積されていくスキルの発揮を前提にしているが、若い女性性を接客サービスとして提供するような労働の現実とは質的に異なっている。したがって、コンパニオンのような女性性を売る労働が、労働として正当な社会的評価を獲得していくためには、従来の労働概念自体を再構成していかなければならない。つまり、彼女たちのように若い女性性を労働力として売る女性たちが直面するトラブルや問題を、個人的な責任へと帰することなく、社会的な問題として構成していくためには、従来の労働概念を用いて彼女たちの労働を無理矢理解釈するのではなく、彼女たちの現実から労働概念を再考しようと試みることが何よりも重要な課題だと考える。

★1 私はこのような経験を幾度もしてきた。派遣元X社社員、派遣先Y社社員、家電量販店Z社員のみならず、出入りする応援販売の大手家電メーカーの社員たちに、「労働条件がおかしくないですか?」と問いかけた。けれども、みな一様に、「そんな悲しいこと言わないで下さいよ」、「士気が下がるんで止めて下さい」、「こんな会社しか見つけられなかった自分が惨めですよ。考えたくないです」、「僕が悪いんですよ。ここでしか働けないんだから」と言い、「難しいこと考えてたら、ご飯食べられやしない」、「みんなおかしいと思いながら働いてるんだし、自分より過酷な状況で働いている人はたくさんいると思うから、考えてもしょうがないでしょう」と話し、「さぁ、今日も楽しく頑張りましょう!」、「どんなに嫌な現場でも、お客さんにありがとうって一声かけてもらえると今までの辛さなんて吹き飛ぶんだから」、「ありがとうって言葉、頑張って接客した甲斐があったなって思える、嫌なことも忘れられる魔法の言葉よ」と言う。

★2 私が疑問に思うことがある。なぜ男性は年を重ねていくと、渋い、味があるなどと評価されるにもかかわらず、女性が年を重ねることに対しては、渋い、味があると評価されない／されにくいのか？　なぜ女性たちはアンチエイジングとばかりに若さに固執して、化粧品やエステ、美容整形などの消費に走り続けるのか？　なぜ女性は若くあり続けなければならないのか？　なぜ若さには高い商品価値が付けられ、年を重ねると商品価値が薄れていくのか？　しかも、なぜ女（とりわけ容姿）に対してで、男にはその商品価値に対する意識が低いのか？　私は、こうした女性の商品価値（年齢、若さで価値をつけ、売る／売れること）ついて問いを立て、考察する必要性があると考える。

参考文献リスト

阿部真大、二〇〇六年、『搾取される若者たち――バイク便ライダーは見た！』集英社

阿部真大、二〇〇七年、『働き過ぎる若者たち――「自分探し」の果てに』日本放送出版協会

Bauman, Zygmunt, 2000, *Liquid Modernity*, Polity Press.（＝ジグムント・バウマン、二〇〇一年、森田典正訳『リキッド・モダニティ』大月書店）

Bauman, Zygmunt, 2001, *The Individualized Society*, Polity Press.（＝ジグムント・バウマン、二〇〇八年、澤井敦・菅野博史・鈴木智之訳『個人化社会』青弓社）

Bauman, Zygmunt, 2004, *Wated Lives: Modernity and Its Outcasts*, Polity Press.（＝ジグムント・バウマン、二〇〇七年、中島道男訳『廃棄された生』昭和堂）

Bauman, Zygmunt, 2005, *Liquid Life*, Polity Press.（＝ジグムント・バウマン、二〇〇八年、長谷川啓介訳『リキッド・ライフ――現代における生の諸相』大月書店）

Bauman, Zygmunt, 2005, *Work, Consumerism and New Poor*. Second Edition, Open University Press.（＝ジグムント・バウマン、二〇〇八年、伊藤茂訳『新しい貧困――労働、消費主義、ニュープア』青土社）

Beck, U., 1986, *Risikogesellschaft:Auf dem Weg in eine andere Moderne*, Suhrkamp.（＝ウルリヒ・ベック、一九九八年、東廉・伊藤美登里訳『危険社会――新しい近代への道』法政大学出版局）

中央労働災害防止協会編、二〇〇一年、『職場における自殺の予防と対応』中央労働災害防止協会 http://www.mhlw.go.jp/bunya/roudoukijun/anzeneisei12/pdf/03.pdf（二〇〇七年改訂版）

Conrad, P & J W.Schneider, 1992, *Deviance and Medicalization: From Badness to Sickness*, Expanded edition, Temple University.（＝ピーター・コンラッド、ジョセフ・W・シュナイダー、二〇〇三年、進藤雄三・杉田聡・近藤正英訳『逸脱と医療化——悪から病いへ』ミネルヴァ書房）

Dalla Costa, Giovanna Franca, 1978, *Un laboro d'amoure*, Edizioni delle donne, Roma.（＝ジョバンナ・フランカ・ダラ・コスタ、一九九一年、伊田久美子訳『愛の労働』インパクト出版会）

派遣ユニオン・斎藤貴男、二〇〇七年、『シリーズ労働破壊② 日雇い派遣——グッドウィル、フルキャストで働く』旬報社

Hakim, Catherine, 2011, *Honey Money. : The Power of Erotic Capital*, Penguin Books.（＝キャサリン・ハキム、二〇一二年、田口未和訳『エロティック・キャピタル——すべてが手に入る自分磨き』共同通信社）

Hochschild, Arlie Russell, 1983, *The Managed Heart: Commercialization of Human Feeling*, University of California Press.（＝アーリー・ラッセル・ホックシールド、二〇〇〇年、石川准・室伏亜希訳『管理される心——感情が商品になるとき』世界思想社）

伊田久美子、二〇〇七年、「労働の消去としての雇用の多様化——「愛の労働」の新たな展開」足立眞理子・伊田久美子・木村涼子・熊安貴美江編著『フェミニスト・ポリティクスの新展開——労働・ケア・グローバリゼーション』明石書店

伊原亮司、二〇〇七年、「トヨタの労働現場の変容と現場管理の本質——ポスト・フォーディズム論か

ら「格差社会」論を経て」『現代思想』三五—八
伊原亮司、二〇一一年、「職場を取り巻く環境の変化と「うつ病」の広まり」『現代思想』三九—二
今村仁司、一九九八年、『近代の労働観』岩波書店
入江公康、二〇〇八年、『眠られぬ労働者たち——新しきサンディカの思考』青土社
鎌倉孝夫編著、二〇一四年、『『資本論』を超える資本論——危機・理論・主体』社会評論社
鹿島敬、二〇〇五年、『雇用破壊——非正社員という生き方』岩波書店
川人博、二〇〇六年、『過労自殺と企業の責任』旬報社
風樹茂、二〇〇四年、『サラリーマン残酷物語——起業か、転職か、居残るか』中央公論新社
風間直樹、二〇〇七年、『雇用融解——これが新しい「日本型雇用」なのか』東洋経済新報社
木本喜美子、二〇〇三年、『女性労働とマネジメント』勁草書房
木下武男、二〇一二年、『若者の逆襲——ワーキングプアからユニオンへ』旬報社
小林美希、二〇〇八年、『ルポ〝正社員〟の若者たち——就職氷河期世代を追う』岩波書店
駒川智子、二〇一一年、「事務職にみる女性労働と職場の変化——「女性活用」の限界と可能性——」藤原千沙・山田和代編『労働再審③　女性と労働』大月書店
今野晴貴、二〇一二年、『ブラック企業——日本を食いつぶす妖怪』文藝春秋
厚生労働省、二〇〇九年、「平成二〇年　派遣労働者実態調査結果の概要」http://www.mhlw.go.jp/toukei/itiran/roudou/koyou/haken/08/index.pdf（最終アクセス日　二〇一三年六月二二日）
久木元真吾、二〇〇三年、「「やりたいこと」という論理——フリーターの語りとその意図せざる帰結」『ソシオロジ』四八—二

熊沢誠、一九九七年、『能力主義と企業社会』岩波書店
熊沢誠、二〇〇〇年、『女性労働と企業社会』岩波書店
熊沢誠、二〇一〇年、『働きすぎに斃れて――過労死・過労自殺の語る労働史』岩波書店
黒木宣夫、二〇一〇年、「産業精神保健の動向」中央労働災害防止協会編『職場における自殺の予防と対応』中央労働災害防止協会
Marazzi, Christian, 1999, *Il post dei calzini: La svolta linguistica dell'economia e i suoi effetti sulla politica*, Bollati Boringhieri.（＝クリスティアン・マラッツィ、二〇〇九年、多賀健太郎訳『現代経済の大転換――コミュニケーションが仕事になるとき』青土社）
益田仁、二〇一二年、「若年非正規雇用労働者と希望」『社会学評論』六三―一
松田さおり、二〇〇五年、「サービス業に従事する女性の〈仕事仲間〉――ホステスクラブZの事例を中心として――」『ソシオロジ』五〇―一
松浦民恵、二〇〇九年、「派遣という働き方と女性のキャリア形成――派遣会社、派遣先、派遣労働者の役割と課題――」武石恵美子編著『女性の働きかた』ミネルヴァ書房
三山雅子、二〇〇七年、「非正規雇用とジェンダー――パートタイムを中心に」足立眞理子・伊田久美子・木村涼子・熊安貴美江編著『フェミニスト・ポリティクスの新展開――労働・ケア・グローバリゼーション』明石書店
三山雅子、二〇一一年、「誰が正社員から排除され、誰が残ったのか――雇用・職業構造変動と学歴・ジェンダー――」藤原千紗・山田和代編『労働再審③　女性と労働』大月書店
水野有香、二〇一一年、「派遣労働問題の本質――事務系女性派遣労働者の考察から――」藤原千沙・

山田和代編『労働再審③　女性と労働』大月書店
森岡孝二、二〇〇五年、『働きすぎの時代』岩波書店
中根光敏、二〇一二年、「消費される労働／労働化する消費」『広島修大論集』五二―二、一一一～一二二頁
中野麻美、二〇〇六年、『労働ダンピング――雇用の多様化の果てに』岩波書店
中山徹、一九九一年、「都市銀行における派遣パート労働者――「同一関係会社のみへの派遣」の実態と問題点」加藤佑治監修　労働運動総合研究所編『フレキシビリティー　今日の派遣労働者』新日本出版社
大阪過労死問題連絡会編、二〇〇三年、『Q&A過労死・過労自殺　一一〇番――事例と労災認定への取組み』民事法研究会
大沢真知子、二〇〇九年、「日本のパート労働者と女性労働者の非正社員化――格差拡大に転じた日本の社会制度――」武石恵美子編著『女性の働きかた』ミネルヴァ書房
斎藤貴男、二〇〇四年、『機会不平等』文藝春秋
斎藤貴男、二〇〇九年、『強いられる死――自殺者三万人超の実相』角川学芸出版
酒井隆史、二〇〇一年、『自由論――現在形の系譜学』青土社
酒井隆史、二〇〇四年、『暴力の哲学』河出書房新社
酒井隆史、二〇〇九年、「「ソックスの場所」について」（クリスティアン・マラッツィ『現代経済の大転換――コミュニケーションが仕事になるとき』青土社に所収）
崎山治男、二〇〇五年、『「心の時代」と自己――感情社会学の視座』勁草書房
桜井絹江、二〇〇一年、「登録型派遣と女性労働」『女性労働研究』四〇
佐藤博樹・小泉静子、二〇〇七年、『不安定雇用という虚像――パート・フリーター・派遣の実像』勁

草書房
渋谷望、二〇〇三年、『魂の労働——ネオリベラリズムの権力論』青土社
週刊ダイヤモンド編、二〇〇九年、『雇用危機——忍び寄る失業と貧困』ダイヤモンド社
Spector, M. & Kitsuse, J.I., 1977, *Constructing Social Problems*, Cummings Publishing Co.（＝M・スペクター、J・I キツセ、一九九〇年、村上直之・中川伸俊・鮎川誠・森俊太訳『社会問題の構築——ラベリング理論をこえて』マルジュ社）
武井麻子、二〇〇六年、『ひと相手の仕事はなぜ疲れるのか——感情労働の時代』大和書房
高橋祥友、二〇〇三年、『中高年自殺——その実態と予防のために』筑摩書房
高橋祥友、二〇〇六年、『自殺予防』岩波書店
竹信三恵子、二〇〇九年、『ルポ 雇用劣化不況』岩波書店
玉木一成、二〇〇〇年、「労働者の精神障害・自殺と労災補償・損害賠償——精神障害・自殺の法律学的考察」ストレス疾患労災研究会・過労死弁護団全国会議編『激増する過労自殺——彼らはなぜ死んだか』皓星社
田中慶子、二〇一二年、「社会問題の医療化——過労自殺に対する行政施策を事例として」『Core Ethics』八
田中慶子、二〇一三年、「搾取される笑顔——日雇い制派遣イベントコンパニオンのジェンダー化された感情労働を事例として——」『Core Ethics』九
田中慶子、二〇一三年、「アジェンダの源泉としての電通過労自殺裁判——日本の自殺対策をめぐる社会問題の構成——」『立命館人間科学研究』四二—二七
田中慶子、二〇一三年、「労働のフレキシブル化に関する一考察——日雇い派遣イベントコンパニオン

の労働現場を事例として――」『日本労働社会学年報』二四
太郎丸博、二〇〇七年、「若年非正規雇用・無業とジェンダー――性別分業意識が女性をフリーターにするのか？――」『ソシオロジ』五二―一
立岩真也、二〇〇六年、『希望について』青土社
寺崎正啓、二〇〇九年、「現代若者の労働観――フリーターをめぐる〝やりたいこと〟と労働の〝脱魔術化・再魔術化〟――」『ソシオロジ』五四―二
栃澤健史、二〇〇九年、「若年不安定就労層と居住地――「フリーター」大都市集中説の検証――」『ソシオロジ』五四―一
冨高辰一郎、二〇〇九年、『なぜうつ病の人が増えたのか』幻冬舎ルネッサンス
山田陽子、二〇一一年、「「感情資本主義」社会の分析にむけて――メンタル不全＝リスク＝コスト」『現代思想』三九―二
山根純佳、二〇一〇年、『なぜ女性はケア労働をするのか――性別分業の再生産を超えて』勁草書房
Young, Jock, 1999, *The Exclusive Society: Social Exclusion, Crime and Difference in Late Modernity*, SAGE Publications.（＝ジョック・ヤング、二〇〇七年、青木秀男・伊藤泰郎・岸政彦・村澤真保呂訳『排除型社会――後期近代における犯罪・雇用・差異』洛北出版
参議院厚生労働委員会　四号　二〇一二（平成二四）年三月二七日　厚生労働大臣小宮山洋子発言 http://kokkai.ndl.go.jp/SENTAKU/sangiin/180/0062/18003270062004a.html（最終アクセス日二〇一四年五月一〇日）

あとがき

本書は、私の博士学位取得論文「個人化社会における労働の変容と心の問題」の一部を大幅に加筆修正し、「二〇一四年度立命館大学大学院先端総合学術研究科出版助成制度」の助成を受けて刊行したものである。

立命館大学大学院先端総合学術研究科の先生方、院生のみなさんには大変お世話になった。なにより指導教員であり、博士論文の主査を務めて頂いた立岩真也先生には、たくさんのご迷惑・ご心配をかけてしまった……。申し訳なく思うと同時に感謝しています。そして、博士論文の副査を務めて頂いた立命館大学大学院先端総合学術研究科の井上彰先生、小川さやか先生、外部審査員を引き受けて下さった広島修道大学の中根光敏先生からは、今後の研究に繋がる貴重なコメントを頂戴し、本当にありがとうございました。

また、本書を出版するにあたり、松籟社の相坂一社長には、海のものとも山のものともつかぬ私に、出版の機会を与えて下さったことに感謝申し上げます。そして、本書の編集者である夏目裕介さんは、私のつたない草稿を何とか完成まで導いて下さった。私のはちゃめちゃな原稿が「一冊の本」となり、世に出られたのは、夏目さんによる編集のおかげです。厚くお礼申し上げます。

本書を執筆している間、院生仲間であり友人の大野真由子さんが大空へ旅立った。私が今も研究を続け、本書を刊行できたのは、彼女のおかげだ。私が「もう研究はやめよう」と退学の相談をした時、彼女から以下のような問いを突きつけられた。

「私の勝手な希望なんだけど、研究を続けて欲しいな。絶対いい研究者になるよ。しんどいのは、私も病気してるからわかる。違う苦しみだけど、辛いと研究できないって思うよね？　でも、慶ちゃんは研究者になるべき人って思うんだ。占い師じゃないけど、何かそう思う。研究やめるのを決めるのは慶ちゃんだけど、後悔しないのかな……？」

「後悔しないのか」と聞かれた時、私の決心は揺らいだ。果たして私はここで研究を止めて、一生後悔しないのだろうか？　研究で伝えたいことがあったのに、私はそれを世に出さないままでいられるのか？　何よりも難病を抱えてコツコツと研究を続けている彼女の友人として、恥ずかしくないだろうか？　その時、退学ではなく、休学という中途半端な決断しかできなかった私は、結局もう一度研究を続けようと決心し直すことになった。

彼女は常に穏やかで人のことを思いやり、明るく笑顔の似合う女性だった。素敵な彼女にもう会えないのだと思うと、寂しくて悲しくて涙が止まらないのだが、もし彼女がそんな私を見たら「研究の邪魔してゴメンね」とアタフタしながら言うだろう。彼女のためにできること。それは研究を続け、世に伝えねばならぬことを発信しようと、日々諦めずに生きて、生きて、生き抜いていくことだと私は思う。

真由ちゃんの予言したようないい研究者になんてなれるかどうかまだわからないけれど、多くの人にたくさんの迷惑をかけながら支えてもらい、やっと本を出すことができたよ。真由ちゃんにも読んで欲しい。ありがとう。

田中慶子

猛暑の二〇一四年七月二七日

著者略歴

田中慶子（たなか・けいこ）

立命館大学大学院先端総合学術研究科 一貫制博士課程修了〔博士(学術)〕。現在、広島国際学院大学非常勤講師、立命館大学衣笠総合研究機構客員協力研究員。

主な業績に、「搾取される笑顔――日雇い制派遣イベントコンパニオンのジェンダー化された感情労働を事例として――」（『Core Ethics』Vol.9、2013 年)、「アジェンダの源泉としての電通過労自殺裁判――日本の自殺対策をめぐる社会問題の構成――」（『立命館人間科学研究』第 27 号（通巻 43 号)、2013 年)、「労働のフレキシブル化に関する一考察――日雇い派遣イベントコンパニオンの労働現場を事例として――」（『日本労働社会学会年報』第 24 号、2013 年）など。

どんなムチャぶりにも、いつも笑顔《えがお》で?!
――日雇《ひやと》い派遣《はけん》のケータイ販売《はんばい》イベントコンパニオンという労働《ろうどう》

2014年9月15日初版発行

定価はカバーに
表示しています

著　者　田中慶子

発行者　相坂　一

〒612-0801　京都市伏見区深草正覚町1－34

発行所　㈱松　籟　社

SHORAISHA（しょうらいしゃ）

電話　075-531-2878
FAX　075-532-2309
振替　01040-3-13030
URL：http://shoraisha.com

印刷・製本　モリモト印刷（株）

Printed in Japan

ISBN 978-4-87984-329-6 C0036